ALBUM

DE L'OPÉRA

Imprimerie de Ducessois, 55, quai des Augustins.

ALBUM

DE L'OPÉRA

PRINCIPALES SCÈNES

ET

DÉCORATIONS LES PLUS REMARQUABLES

des meilleurs ouvrages représentés

SUR LA SCÈNE DE L'ACADÉMIE ROYALE DE MUSIQUE

PUBLIÉ PAR CHALLAMEL

DESSINS

PAR

MM. ALOPHE, BARON, CHALLAMEL, CÉLESTIN DESHAYS, A. DEVÉRIA, FRANÇAIS,
LÉPAULLE, MOUILLERON & CÉLESTIN NANTEUIL

PARIS

CHALLAMEL, ÉDITEUR 4, RUE DE L'ABBAYE,

FAUBOURG SAINT-GERMAIN.

Devcric. del.   Chalamel édit. R. de l'Abbaye.   Imp. Grégoire et Deneux.

M.ᵉˡˡᵉ ADÈLE DUMILÂTRE ET M.ʳ CORALI

dans le 2.ᵐᵉ Acte de *La Gipsy*, Ballet.

LA GYPSY,

Ballet-Pantomime en 3 actes et 5 tableaux

PAR MM. DE SAINT-GEORGES ET MAZILIER

MUSIQUE DE

MM. BENOIST (premier acte), THOMAS (deuxième acte), et MARLIANI (troisième acte),

DÉCORS DE MM. PHILASTRE ET CAMBON.

La *Gypsy*, dont le nom est dérivé d'*Egyptian*, était la bohémienne de l'Angleterre et de l'Ecosse. La *Gypsy* appartient à cette classe de danseuses populaires, qui captivaient la foule, se livraient à des divinations, faisaient cause commune avec les vagabonds, et voulaient former une exception dans la société ; type bien connu et toujours nouveau, délicieux sujet de ballet.

Un mot du poëme chorégraphique de la *Gypsy*.

Pour fêter l'avénement de Charles II au trône, lord Campbell donne fête et chasse. Suivant les conseils de Narcisse de Crakentorp, son neveu, le noble lord permet que sa petite-fille Sarah soit de la fête. L'enfant et Megg, sa vieille nourrice, sont poursuivies par un ours, que Sténio de Curchill, jeune officier puritain, tue d'un coup de carabine. L'enfant, sauvée, est rapportée à son père, et placée dans un pavillon, d'où l'enlève Trousse-Diable, chef de bohémiens. Sarah devient bohémienne. Elle est la plus habile et la plus gracieuse parmi ses compagnes ; elle a dix-huit ans, elle est belle, elle l'emporte même sur Mab, sa souveraine. Aussi, Sténio qui, dans son extrême dénuement, a dû se faire le compagnon de Trousse-Diable, adore Sarah, et, pour elle, dédaigne l'amour de Mab ; Mab est forcée de les unir, et il ne lui reste plus que l'espoir de la vengeance. Oh ! elle se vengera, en effet ; car il arrive que Narcisse de Crakentorp a été dévalisé par Trousse-Diable et ses amis, au moment où il sortait d'une maison de jeu. Parmi les objets volés se trouve un médaillon, dont Mab s'empare aussitôt. Oh ! elle se vengera, car Sarah paraît avoir plus de puissance qu'elle, que la reine des bohémiennes ; car Sarah, par sa grâce et sa gentillesse, sait faire obéir Trousse-Diable et ses compagnons. Un jour donc, sur la place publique, Sarah danse et ravit la foule ; puis elle se retire ; mais Narcisse aperçoit le médaillon pendu au cou de la jeune fille, et l'accuse de l'avoir volé. Sténio veut la défendre, il est arrêté ; puis, malgré la résistance des bohémiens, les gardes du shériff parviennent à entraîner Sarah. Mab triomphe. Cependant, Lord Campbell pleure toujours sa fille. Les gardes du shériff et Narcisse lui amènent la coupable. Sténio survient encore pour secourir sa bienaimée. A sa vue, Lord Campbell, que la présence de Sarah avait déjà préoccupé, se rappelle le jeune officier qui a sauvé sa fille. Plus de doute, c'est Sarah. Il la reconnaît ; et Sténio va l'épouser. A ce moment une détonation se fait entendre. Sténio est frappé à mort. Mab a tué l'amant de Sarah.

— La scène que nous reproduisons, est celle où Sarah par ses gentillesses, par ses cajoleries, force les bohémiens à l'obéissance, lorsque les ordres de la reine Mab viennent d'être méconnus. Elle veut faire danser Trousse-Diable, et finit par l'émouvoir.

Le ballet de *la Gypsy* fut composé pour Mlles Fanny et Thérèse Elssler, et représenté pour la première fois le 28 janvier 1839 ; il a été repris en janvier 1843. Le rôle de Sarah est rempli par Mlle Adèle Dumilâtre, qui a su s'y faire applaudir même après Fanny Elssler. M. Petipas joue Sténio, rôle créé par M. Mazilier. M. Eugène Coralli a fait du personnage de *Trousse-Diable* un type à la manière de Callot, amusant et tout de caractère à la fois. En somme, danses nobles, de fantaisie ou de caractère, diversité des sites et des costumes, mise en scène élégante, rien ne manque au ballet de la *Gypsy*. C'est dans cet ouvrage que se danse le pas si gracieux et si original de la *Cracovienne*, cette rivale de la *Cachucha*.

Une vue des montagnes boisées qui encadrent Édimbourg, une vaste tente qui sert de refuge aux Bohémiens, et notamment une place publique de la ville, sont au rang des plus magnifiques toiles de MM. Philastre et Cambon.

Les costumes ont été dessinés par M. Lormier. On remarque, outre ceux de Trousse-Diable et de Sarah, fidèlement reproduits dans la lithographie de M. Devéria, le costume de la reine Mab, costume plein de caractère, comme en général les vêtements de tous les Bohémiens.

A. C.

Personnages.	Acteurs.	Personnages.	Acteurs.
LORD CAMPBELL,	MM. Mazilier (Montjoie.)		
STÉNIO,	Petipas (Mazilier.)	Quatre bateleurs,	Rouyet.
NARCISSE DE CRAKENTORP,	Élie.		Jules.
TROUSSE-DIABLE,	Eug. Coralli (Simon.)		Provost 1.
UN CHEF DES GARDES,	Grenier.		Cornet 2.
Un arracheur de dents,	L. Petit.	Un Valet,	Scio.
Un Escamoteur,	Barrez 2.	SARAH CAMPBELL, enfant, MMmes	Guérino.
Un montreur de lanterne magique,	Clément.	MEGG, sa nourrice,	Roland.
Un vieux Bourgeois,	Mignot.	SARAH CAMPBELL (2 et 3me acte),	Fanny Elssler.
Un jeune Seigneur,	Honoré.		Adèle Dumilâtre.
Un danseur de corde tendue,	Dimier.	MAB,	Forster (Th. Elssler.)
Un voltigeur de corde,	Provost 2.	Une jeune bourgeoise,	Capon.

Celestin Nanteuil. del.

Challamel édit. 4 R. de l'Abbaye S.G.

Imp. Berthauts Paris.

LA REINE DE CHYPRE
4ème Acte

LA

REINE DE CHYPRE

Opéra en cinq actes,

DE M. DE SAINT-GEORGES

MUSIQUE

De M. HALÉVY, de l'Institut.

Voici ce que nous lisons dans la *France Littéraire* de M. Challamel du 24 janvier 1842 :

« Dans l'église des Tolentini, à Venise, on voyait encore, au dix-septième siècle, le portrait en pied de Catarina Cornaro, une palme à la main ; cette noble fille de Saint-Marc avait eu pour peintre l'un des Proccacini. La destinée de cette reine fut assez triste ; son règne turbulent dura quinze années. Ce fut un règne de révoltes ; son mari mourut par le poison, comme Britannicus ; son fils fut menacé comme Joas. La fameuse inquisition de Venise, dont chaque poëte et dramaturge a si constamment abusé, la tint constamment en tutelle. Ce ne fut point une reine, mais une victime, et c'est ainsi que le poëme de l'Opéra nous la représente. Le conseil des Dix a toujours les yeux sur elle ; elle est sous sa surveillance immédiate. Un certain Mocénigo est son Méphistophélès ; cet homme ne représente pas mal la fameuse bouche du lion, ouverte aux délations de Venise :

> ... Quand d'un rival, par lui sauvé naguère,
> Je dénoncerai le retour ;
> Quand je dirai qu'ici, par le couple homicide,
> Fut versé le poison, sans remords, sans effroi !
> Quand je présenterai la coupe encore humide.
> Qui pourra vous sauver, qui vous défendra ?...

C'est ainsi que jusqu'au dernier instant parle cet acharné Mocénigo. La reine aime Gérard de Coucy, le preux des preux.

> Le soleil pur
> A, d'un rayon fidèle,
> Déjà doré
> L'autel sacré
> Où l'amour nous appelle.

Mais c'est ce que Mocénigo a juré d'empêcher. A Gérard de Coucy, le simple chevalier, il oppose Jacques de Lusignan, que Venise se charge de faire roi de Chypre. De là, partie liée entre Lusignan et Gérard de Coucy, aventures et péripéties de roman, Gérard est sauvé par Lusignan, qui se bat contre dix assassins, et plus tard c'est ce même Lusignan, époux de Catarina, que Gérard furieux veut assassiner !

Gérard devient chevalier de Rhodes ; Lusignan meurt empoisonné, et la reine présente son fils au peuple en criant : Vengeance !

Ce poëme, on le voit, abonde en situations mélodramatiques, et offre à la musique des teintes nuancées, fécondes ; il a été vaillamment traité par M. Halévy, qui a marqué de son cachet poétique chaque morceau de la partition. Entre tous les compositeurs qui travaillent aujourd'hui pour notre première scène lyrique, M. Halévy, par la persévérance de ses efforts, nous parait mériter le premier rang. Après le succès de *Guido e Ginevra*, ce compositeur a enfin trouvé sa route ; c'est vers la mélodie que se tournent ses études. M. Halévy a reconnu, aussi bien que M. Meyerbeer, le vide de cette instrumentation cuivrée, assourdissante, bonne au plus pour une marche foraine de Téniers, et qui nous vaut, à chaque opéra, la mort d'un chanteur. Madame Stoltz a dignement porté le poids de son rôle de reine. Baroilhet et Duprez obtiennent chaque soir, avec elle, les honneurs de la représentation.

L'air des Gondoliers, au deuxième acte, le duo entre madame Stoltz et Duprez, le duo du troisième acte entre Baroilhet et Duprez, le final de ce même acte, les couplets de Mocénigo, *Tout n'est dans ce bas monde qu'un jeu*, sont encore, à cette heure, les morceaux les plus applaudis.

La mise en scène est digne de notre premier théâtre. Il y a seulement une villa, près de Venise, qui a trop d'arbres : les arbres, en cette belle patrie de l'amour, sont aussi rares que les chevaux sur le pavé de la place Saint-Marc. Le port de Nicosie offre un coup d'œil éblouissant.

ROGER DE BEAUVOIR.

La scène que nous reproduisons est celle du cortége ; elle est due au crayon de M. Célestin Nanteuil. Les riches costumes et l'admirable décoration de MM. Philastre et Cambon ont été exécutés d'après les dessins communiqués par les auteurs.

Personnages.	Acteurs.	Personnages.	Acteurs.
ANDRÉA CORNARO, praticien de Venise,	MM. Bouché.	HÉRAULT D'ARMES,	M. F. Prévost
GÉRARD DE COUCY, chevalier français,	Duprez.		
JACQUES DE LUSIGNAN, roi de Chypre,	Baroilhet	Seigneurs vénitiens. — Dames vénitiennes. — Paysans et paysannes des environs de Venise. — Cypriotes. — Dames cypriotes. — Gardes.— Cour du roi de Chypre. — Clergé.— Peuple.— Courtisanes. — Valets.— Echansons. — Danseurs.—Danseuses.—Bravi vénitiens et cypriotes —Armée du roi.	
MOCÉNIGO, sénateur, membre du conseil des Dix,	Massot.		
STROZZI, chef de bravi à la solde de la République,	Wartel.	La scène se passe en 1441. — Les deux premiers actes à Venise ; les trois derniers dans l'île de Chypre.	
CATARINA CORNARO, nièce d'Andréa,	Mme Stoltz.		

Baron del.   Challamel édit R. de l'Abbaye.   Imp. Bertauts. Paris

M.ᵐᵉ STOLZ ᴇᴛ M.ʳ BARROILHET.

Charles VI. (2.ᵐᵉ Acte.)

CHARLES VI

Opéra en cinq actes,

DE MM. CASIMIR DELAVIGNE ET GERMAIN DELAVIGNE

Musique de M. F. HALÉVY, de l'Institut.

Décors de MM. Cicéri, Philastre, Cambon, Séchan et Despléchin.

Charles VI fut le plus malheureux d'entre les rois de France, et le pays se ressentit de ses malheurs. Il commit plusieurs crimes, il perdit la raison, il fut trahi par Isabeau de Bavière, il eut peur du dauphin son fils. Les Anglais profitèrent de la situation critique dans laquelle se trouvait la France, et voulurent qu'un Lancastre succédât au roi insensé. Là est toute la partie véritablement historique du livret. Mais Charles VI a besoin d'être distrait, égayé, bercé par les chants d'Odette de Champdivers :

> Avec la douce chansonnette
> Qu'il aime tant,
> Berce, berce, gentille Odette,
> Ton vieil enfant.

Odette aime le dauphin, qu'elle a connu d'abord sous le simple nom de Charles. Elle devient à la fois la providence du roi et de son fils. Là est toute la fable de l'opéra. Je ne parle pas des apparitions du quatrième acte, ni du rôle de Jeanne d'Arc qu'Odette joue au cinquième. Ce sont des fantaisies poétiques, dont l'effet manque rarement sur la scène de l'Académie-Royale-de-Musique.

Le livret de MM. Delavigne est bien coupé. Quelques situations brillent d'un éclat inusité sur nos scènes lyriques. Telle est la scène où Odette joue aux cartes avec Charles, et où celui-ci, prenant le jeu au sérieux, s'écrie martialement :

Bataille ! bataille ! Telle est encore la scène où Charles VI, dans un de ses moments lucides, exhale sa fureur contre Bedford et Isabeau.

> Votre raison, l'avez-vous, sire ?

dit la reine. Et Charles répond :

> Ma raison, je ne l'avais pas,
> Quand jadis vous croyant sincère,
> Bedford, je vous tendis les bras ;
> *A Isabelle.*
> Quand je vous crus, à vous, des entrailles de mère
> Ma raison, je ne l'avais pas.
> Je n'étais roi ni père, et je suis l'un et l'autre
> *A Bedfort.*　　　　　*A Isabelle*
> Je maudis votre nom, et je maudis le vôtre ;

9

Je n'attends plus de toi, traître, que trahison ;
Toi, marâtre, à mes yeux tu n'es que sa complice ;
J'appelle sur vous deux l'éternelle justice :
Vous voyez que j'ai ma raison.

Le poème de *Charles VI* est remarquable. La musique de M. Halévy est digne de son talent. L'instrumentation est peut-être moins soignée ou moins réussie que celle de ses ouvrages précédents. Quant aux morceaux les plus justement applaudis, nous citerons le refrain de l'espèce de Marseillaise :

Guerre aux tyrans ! jamais en France
Jamais l'Anglais ne règnera.

Une phrase du duo entre Odette et le dauphin est ravissante. L'*adieu* qui termine le premier acte n'a pas assez de développement pour émouvoir le spectateur. Au deuxième, la villanelle chantée par Isabelle et des chœurs, le duo entre Odette et le roi, *sonnez, clairons!* ont de l'originalité. Un *quatuor* entre Charles, le Dauphin, Raimond et Odette sa fille, est d'une bonne facture. L'acte quatrième est généralement réussi, et le final a de l'ampleur. La romance du soldat chantée par Poultier, le grand air d'inspirée, admirablement dit par madame Stoltz, et la reprise du chant patriotique dont nous avons parlé, complètent la partition.

Sous le point de vue des décors et de la mise en scène, *Charles VI* se place de droit au premier rang des opéras représentés jusqu'à ce jour. On a surtout applaudi, au troisième acte, une décoration représentant le vieux Paris éclairé par un brillant soleil d'automne. L'hôtel Saint-Paul est à droite. Au dernier tableau du cinquième acte, l'église de Saint-Denis, où les Français vont prendre l'oriflamme, a été fort applaudie. Les costumes sont riches et très-exacts. Décors et mise en scène suffiraient pour assurer le succès de *Charles VI*.

L'exécution a été bonne ; mais, à proprement parler, les seuls rôles de l'opéra sont ceux de *Charles VI* et d'*Odette*, remplis par *Barroilhet* et madame *Stoltz*. Ces deux artistes ont rivalisé de talent. Barroilhet a déployé d'excellentes qualités dans son rôle si difficile, et a merveilleusement chanté son premier grand air. Madame Stoltz a eu de l'entrain et des moments admirables. Nous ne lui reprocherons qu'un peu de monotonie dans sa déclamation et certains gestes trop souvent répétés. Duprez, Levasseur et madame Dorus-Gras n'ont malheureusement pas de rôles importants. Tous les artistes de l'Académie-Royale-de-Musique paraissent dans *Charles VI*, que tout le monde ira voir.

Personnages.	Acteurs.	Personnages.	Acteurs.
CHARLES VI.	MM. Barroilhet.	UN SOLDAT.	Poultier.
LE DAUPHIN.	{ Duprez. ¦ Marié.	LIONEL, officier anglais.	Raguenot.
LE DUC DE BEDFORT.	Canaple.	LOUIS D'ORLEANS.	
RAIMOND.	Levasseur.	JEAN-SANS-PEUR. } personnages fantastiques.	
L'HOMME DE LA FORÊT DU MANS,	Massol.	CLISSON.	
TANEGUY DUCHATEL.	F. Prévot.	ISABELLE DE BAVIÈRE.	Mme Dorus-Gras.
DUNOIS.	Octave.	ODETTE, fille de Raymond.	Stoltz.
LAHIRE.	Martin.	LE JEUNE LANCASTRE, Personnage muet.	
SAINTRAILLES.	Saint-Denis.		
UN ETUDIANT.	Molinier.		

Chevaliers français et anglais. — Seigneurs et dames de la cour. — Soldats français et anglais, Pages, Bourgeois, Etudiants, Peuple, etc., etc.

Challamel del.　　　Paris Challamel édit. R. de l'Abbaye.　　　Imp. Bertauts Paris.

Melle CARLOTTA GRISI.
dans Giselle.

GISELLE ou les WILIS

Ballet fantastique en deux actes,

PAR MM. DE SAINT-GEORGES, TH. GAUTIER ET CORALY

MUSIQUE DE M. ADOLPHE ADAM.

Décorations de M. Cicéri.

Voici la tradition allemande dont est tiré le sujet du ballet de *Giselle*, ou *les Wilis*.

Il existe une tradition de la danse nocturne, connue dans les pays slaves sous le nom de Wili. — Les Wilis sont des fiancées mortes avant le jour des noces ; ces pauvres créatures ne peuvent demeurer tranquilles sur leur tombeau. Dans leurs cœurs éteints, dans leurs pieds morts, est resté cet amour de la danse qu'elles n'ont pu satisfaire pendant leur vie, et, à minuit, elles se lèvent, se rassemblent en troupes sur la grande route, et malheur au jeune homme qui les rencontre, il faut qu'il danse avec elles jusqu'à ce qu'il tombe mort.

Parées de leurs habits de noce, des couronnes de fleurs sur la tête, des anneaux brillants à leurs doigts, les *Wilis* dansent au clair de lune comme les *Elfes* ; leur figure, quoique d'un blanc de neige, est belle de jeunesse. Elles rient avec une joie si perfide, elles vous appellent avec tant de séduction, leur air a de si douces promesses, que ces Bachantes mortes sont irrésistibles. Henri Heine (de l'Allemagne).

Un prince déguisé fait la cour à la jeune paysanne Giselle, un Almaviva a pris le costume d'un pâtre. C'est le jour de la vendange, le petit dieu Bacchus apparaît sur un tonneau, que portent quatre vigoureux Allemands ; il sourit aux danses de Giselle et du jeune prince. Un fort vilain monsieur, un certain Hilarion, le judas de la contrée, garde-chasse de son état, trahit l'incognito du prince déguisé, que Giselle accuse de perfidie, car ce charmant trompeur avait promis sa main à une noble châtelaine des alentours. Ce coup est affreux pour la pauvre Giselle, elle croyait aux princes vertueux et à l'amour, la voilà forcée de croire aux paroles d'Hilarion ! ceci lui fait tant de peine, qu'elle prend le parti d'en mourir. Hilarion se désespère, il ne croyait pas frapper si fort, mais les gardes-chasses sont brutaux. Le prince se jette sur le corps de sa bien-aimée et tombe évanoui près de Giselle.

Le deuxième acte s'ouvre sur une forêt aux teintes vaporeuses, aux feuillages jaunis ; c'est là, qu'à la clarté d'une lune pâle et roulée dans de grands nuages, les Wilis ouvrent le bal chaque soir. Le tombeau de l'infortunée Giselle, et la croix qui surmonte cette humble pierre apparaissent au côté gauche du tableau ; c'est-là qu'on l'aura placée sans doute, la charmante danseuse, à cause de son amour pour les rondes joyeuses du village ! Le convoi n'a eu qu'un pas à faire de sa chaumière au rendez-vous habituel des Wilis. La brise agite les roseaux, et sous le souffle de cette brise nocturne, apparaissent les fantastiques danseuses. Chacune de ces mortes tend la main à Giselle, lorsque le mauvais destin du garde-chasse le conduit au milieu de ces perfides enchanteresses. Elles le forcent à danser avec elles, puis le rejettent bientôt épuisé de fatigue au gouffre béant du lac. Le jeune prince est venu cependant chercher la modeste place où s'élève le tombeau de la paysanne. Surpris par les Wilis, il est enlacé par elles dans leur ronde impitoyable. Giselle emploie ses efforts pour le sauver. Mais la cruelle reine des Wilis, sourde à ses prières, va lui faire subir le destin d'Hilarion, quand les blancheurs de l'aube mettent fin au pouvoir de ces fées vengeresses que vient ressaisir la mort. La noble fiancée du jeune homme reparait avec la chasse, le prince se jette à ses pieds, encore ému des visions magiques de la nuit. Elle lui pardonne, il l'épouse.

On a pu voir, par cette analyse restreinte, quel parti M. Th. Gautier a tiré de la ballade racontée par Henri Heine. Le rôle de Giselle respire toute la poésie de l'auteur de la *Comédie de la mort*. Si ce paysage romanesque est moins sombre que ceux décrits par M. Théophile Gautier :

> Où jamais d'un vivant le pied ne se posa
> Comme dans les tableaux de Salvator Rosa,

Il conserve du moins quelques-unes des teintes habituelles de sa palette. On sent que l'auteur d'*Omphale* et de la *Morte amoureuse*, a passé par là. Entre les mains de M. Th. Gautier, ce ballet est devenu une ravissante élégie. La grâce de Giselle, la perfidie d'Hilarion, les nuances délicates de ce petit poëme lui donnent un parfum exquis; chaque chose y est à sa place, et ne nuit point à l'ensemble.

Mademoiselle Carlotta Grisi a mimé et dansé le rôle de Giselle, avec une perfection remarquable. Sans aspirer au vol aérien de Taglioni, sans copier les poses d'Elssler, elle a rencontré une troisième école qui met en relief son agilité et sa grâce. Perrot s'était chargé de dessiner les pas d'un rôle empreint d'une rêverie molle et suave. Mademoiselle Dumilâtre, chargée du rôle de Myrtha, reine des Wilis, n'avait qu'à se montrer pour être applaudie.

La musique, de M. Adolphe Adam, abonde en motifs variés et gracieux. On a remarqué surtout une valse qui est maintenant sur tous les pianos. Les autres morceaux de cette charmante fantaisie, sont empreints de la verve et du goût épuré de l'auteur du *Chalet*, et de tant d'autres opéras.

Le premier décor est peu remarquable, mais le second est féerique. Des plantes naturelles, des roseaux *vrais*, attestent le goût prodigue de notre première scène; les corbeilles de fleurs d'où s'échappent les Wilis forment un tableau charmant.

Personnages.	Acteurs.	Personnages.	Acteurs.
LE DUC ALBERT DE SILESIE, sous des habits de villageois.	MM. PETIPA.	GISELLE, paysanne,	Mlles CARLOTTA GRISI.
LE PRINCE DE COURLANDE,	QUÉRIAU.	BERTHE, mère de Giselle,	ROLAND.
WILFRIDE, écuyer du duc,	CORALLE.	MYRTHA, reine des Wilis.	ADÈLE DUMILATRE.
HILARION, garde-chasse,	SIMON.	ZULMÉ } Wilis.	{SOPHIE DUMIL.
UN VIEILLARD PAYSAN	L. PETIT.	MOYNA }	{CARRÉ.
BATHILDE, fiancée du duc,	Mlle FORSTER.		

Seigneurs, chasseurs, Wilis, pages, musiciens, enfants Villageois, piqueurs, vignerons, vigneronnes.

DÉCORATION DU 4.ᵉᵐᵉ ACTE DE CHARLES VI. (8ᵉᵐᵉ SCÈNE)

Le vieux Paris - Cortége.

Huitième scène du troisième acte de Charles VI,

LE VIEUX PARIS

DÉCORATION PAR MM. PHILASTRE ET CAMBON,

LITHOGRAPHIÉE PAR MM. FRANÇAIS ET BARON.

Nous ne remplirions pas complétement le but que nous nous sommes proposé, en publiant cet *Album* de l'*Opéra*, si nous ne donnions pas au lecteur une idée de ce que sont les machines et les décorations sur notre premier théâtre lyrique.

Charles VI, si remarquable à cet égard, nous fournit un excellent prétexte.

M. Contan a succédé à M. Gromer, comme chef des machines à l'Opéra. Les plus magnifiques changements à vue ont été disposés par lui, depuis la *Juive* jusqu'au dernier ouvrage de M. Halévy. M. Contan est un des premiers machinistes de France.

Peut-être sera-t-on curieux de connaître quelques mots de l'*argot* des machinistes. Le chef parle à ses garçons de théâtre de *côté cour* et de *côté jardin*, la première expression signifiant côté gauche, la seconde côté droit. Il paraît que l'origine de ces expressions vient du théâtre des Tuileries, où le jardin est à droite, et la cour à gauche. Avant la révolution, comme le roi et la reine avaient chacun leur loge en face l'un de l'autre, on disait *côté du roi*, *côté de la reine*.

Chargez signifie : mettez les décorations en place.

Enlevez signifie : changez les décorations. On n'emploie pas le mot corde : on dit *fil*.

Ajoutez une foule de mots plus ou moins incompréhensibles, quelques expressions techniques, des phrases de localité, et vous demeurerez convaincu de cette vérité : qu'on peut être présent à des manœuvres de décors au théâtre, sans s'expliquer le pourquoi et le comment de leur mise en action. Le personnel des machinistes et des garçons de théâtre à l'Opéra est fort nombreux sans doute, mais pas encore autant qu'on le pourrait croire. L'ordre le mieux établi règne dans l'intérieur des coulisses. Chacun a sa spécialité, chacun a sa tâche et doit la remplir, sous peine de faire manquer l'effet général d'une décoration, et d'encourir

3

une amende très-forte. Au coup de sifflet du chef-machiniste, tous obéissent. comme les marins au coup de sifflet du capitaine, et la précision des mouvements est une garantie de réussite certaine.

Machines et décorations vont ensemble. Le plus beau tableau mal placé produit un mauvais effet, et telle toile de fond admirablement peinte peut paraître d'une couleur fausse, si la lumière n'est pas bien ménagée. On passe quelquefois plusieurs nuits pour parvenir à mettre de l'harmonie dans une décoration.

Les plus fameux décorateurs sont : MM. Cicéri, Philastre et Cambon, Séchan, Feuchères, Desplechin, Diéterle, etc.

La scène de *Charles VI* que nous reproduisons dans cette livraison, est la deuxième du troisième acte. Le théâtre représente, dit le livret, le vieux Paris éclairé par un brillant soleil d'automne. On voit sur un des côtés l'hôtel Saint-Paul, dont le péristyle est élevé de quelques degrés. Des canons sur les ouvrages avancés de l'hôtel. Au fond on aperçoit la Bastille. A gauche un immense plant d'arbres, au milieu duquel le peuple se promène.

Un nombreux cortége précédant le régent Bedfort, s'est déployé au fond dans tout son appareil. Seigneurs, dames de la cour, soldats anglais à pied et à cheval se sont placés près du péristyle de l'hôtel Saint-Paul. La reine Isabeau de Bavière et Charles VI sont assis sous un dais magnifique. Le jeune Lancastre et Bedfort, à cheval, paraissent. Bedfort, prenant la main de l'enfant, le présente au royal insensé.

ISABELLE (à Charles VI).

Qu'il est beau, cet enfant !

CHARLES (à Odette).

C'est un Anglais.

ODETTE.

Silence.

ISABELLE (à Charles).

En lui tendant les bras, vers son père il s'avance.

C'est alors que Charles refuse de donner au jeune Lancastre « le baiser de paix, » et de ceindre sa tête du diadème. Il arrache la couronne du front de l'enfant et la foule aux pieds. Bientôt le peuple se précipite vers Charles. Mais, sur un signe de Bedfort, les soldats anglais s'assemblent, braquent leurs canons, abaissent leurs piques, et s'élancent pour repousser le peuple.

M.ᵈˡᵉ PAULINE LEROUX ET M.ʳ ELIE,

dans la Scène de séduction (3.ᵐᵉ Acte) du *Diable Amoureux*. (Ballet.)

M. Alophe.

Challamel Éditeur, 4 R. de l'Abbaye.

LE
DIABLE AMOUREUX

Ballet-Pantomime en 3 actes et 8 tableaux

PAR MM. DE SAINT-GEORGES ET MAZILIER,

Musique de MM. BENOIST (premier et troisième acte), REBER (deuxième acte),

DÉCORS DE MM. PHILASTRE ET CAMBON.

Vous connaissez *le Diable amoureux* de Cazotte, ce roman cousin de l'*Oracle* de Sainte-Foix, de l'*Acajou* de Crébillon, et de tous les anges plus ou moins palpables du siècle dernier. Lorsque Cazotte, traité d'esprit creux par les niais, écrivit ce charmant livre, qui effraya longtemps avec délices les imaginations féminines, lorsqu'il fit sortir ce diable amoureux de sa cachette pour l'amener le soir timidement par la main jusqu'au boudoir des grandes dames et des bourgeoises à la mode, Cazotte, non-seulement ne se doutait guère de son succès, mais il était loin de prévoir, le nécromancien ingénu, que trente ans après, la rêveuse Allemagne tuerait son léger sylphe à grands coups d'épée. Quest-ce que le diable de Cazotte, je vous le demande, vis-à-vis du sombre ami de Faust, vis-à-vis du docteur à pied fourchu qu'on nomme Méphistophélès? Et pourtant, vous le voyez, en regard du diable de Goëthe, qui ne vit que par le raisonnnement, celui de Cazotte que la passion seule soutient, a trouvé moyen de vivre! Méphistophélès, c'est la terreur du sombre royaume, le diable de Cazotte en est l'amour; l'un est noir, l'autre rose; l'un sent le musc, et l'autre le soufre. Celui-ci sera l'idéal des âmes fortes, le conseiller mauvais des intelligences déchues, l'autre a été bien vite la coqueluche des femmes. Ainsi se soutiennent encore à près d'un siècle de distance ces deux fantômes, le premier agile comme Chérubin, le second plus terrible encore que Manfred.

L'auteur du ballet nouveau, M. de Saint-Georges, s'est évidemment inspiré de l'alliance de ces deux types. Les terreurs de Goëthe et même celles d'Hoffmann, évoquées par lui, ont soutenu la fable un peu frêle de Cazotte. Les nuances du rôle principal (celui d'Urielle *le diable féminin*), habilement fondues dans cette double acception du merveilleux, en font un thème de composition chorégraphique auquel rien ne manque, pas même le sentiment chaste et délicat de la passion. Le dénoûment du ballet nous montre Urielle réhabilitée, Urielle devenue une fiancée de notre planète, Urielle épousant le comte Frédéric, l'homme des évocations infernales, des parties de jeu, des rapts à la don Juan. Ce Frédéric avait pour mauvais ange la Phébée, courtisane assez décrépite, amoureuse et jalouse comme une femme sur le retour. (Dieu nous préserve des Phébées!) celle-ci a juré mal de mort à Urielle, mais toute diablesse qu'est la courtisane, peut-elle lutter avec une fille de Belzébuth? Urielle qui danse le fandango, l'allemande, la cachucha, est un de ces démons qui doivent triompher de tout; étonnez-vous donc qu'elle épouse Frédéric, auquel, par tous les dieux du Styx, elle a juré de s'unir! Urielle devient ange, la noce a lieu, et Belzébuth, qui n'a pas deviné celle-là, reçoit un billet de faire part. Ainsi triomphent Urielle et Frédéric, à l'édification de ceux qui n'aiment pas le diable.

L'action animée de ce ballet fait le plus grand honneur à la manière de MM. de Saint-Georges et Mazilier, et la partie de la danse, où l'on reconnaît le talent de ce dernier, ne vous laisse pas un seul instant d'ennui ou de fatigue. Mademoiselle Pauline Leroux, qui rentrait à l'Opéra, comme chacun sait, après une absence beaucoup trop longue pour nos plaisirs, y a reconquis son rang avec un éclat dont sa modestie était loin de prévoir le retentissement. Il faut la voir, exempte de toute imitation *taglionnienne* apporter dans cette danse fraîche et suave le choix et la pureté qu'une femme de goût met à sa toilette; son jeu n'a rien de forcé, c'est une agacerie ingénieuse qui le soutient; par moments il s'élève jusqu'à l'énergie. La scène principale, celle du dénoûment, a été mimée par cette actrice avec un talent de sensibilité que nous ne sommes pas habitués à trouver à l'Opéra, et dont nos pères nous ont assuré souvent que le secret était perdu depuis mademoiselle Bigottini.

La musique de MM. Benoit et Reber semble mal à l'aise dans l'inévitable brodequin où se resserre la forme accidentée de ce ballet; aussi a-t-elle paru d'abord un peu pâle, dénuée d'effet, mais non toutefois de distinction. Le second acte, écrit par M. Reber, pècherait plutôt par le manque d'originalité que par la forme.

Le décor du bazar est léger, coquet, d'un ton qui approche de Marilhat ou de Joyant.

Les danses sont piquantes, exquises, sauf cette contrefaçon de la *Cracovienne*, qui n'a aucun style, et le tournoiement des danseuses aux bras des hommes, mouvement qui n'a rien que de forcé. Les coquetteries de la péri dans le bazar, scène que notre dessin reproduit, et la valse diabolique au deuxième acte feront fureur.

R. de B.

BELZÉBUTZ.	MM. MONTJOIE.	UN PRÊTRE.	L. PETIT.
FRÉDÉRIC.	MAZILIER.	PHŒBEK.	Mmes NOBLET.
HORTENSIUS.	BARREZ (.	URIELLE.	PAULINE LEROUX.
SIMPLICE.	(ÉLIE.	LILIA.	(CÉLESTINE EMARROT.
	(SIMON.		(NATH. FITZ JAMES,
LE GRAND VISIR,	QUÉRIAU.	THÉRÉSINIE,	MAZILIER.
BRACACCIO.	CORALLI fils.	JANETTA,	ADÈLE DUMILATRE.
LE GRAND BAILLI,	ADICE	UNE DIABLESSE,	ROLAND,
UN SEIGNEUR,	DESPLACES fils.		
UN PIRATE.			

Seigneurs, dames, créanciers, paysans, paysannes, pirates, marchands, bayadères, nègres, eunuques, démons, etc.

Mlle Marquet. Mr. Petipa. Mlle Carlotta Grisi.

LA PÉRI.
(2me Acte. 6me Scène.)

LA PÉRI

Ballet-fantastique en 2 actes

PAR MM. THÉOPHILE GAUTIER ET CORALLI,

MUSIQUE DE M. BURGMULLER,

Décorations { du 1er acte, de MM. SÉCHAN, DIÉTERLE et DESPLÉCHIN.
{ du 2e acte, de MM. PHILASTRE et CAMBON.

Représenté pour la première fois le 17 juillet 1843.

Nous serions bien tentés de faire la guerre au feuilletoniste de la *Presse*, qui abandonne peu à peu le tournoi littéraire; nous lui demanderions s'il est fatigué de ses premiers succès; mais comment ne pas pardonner à l'auteur de *Giselle* et de la *Péri*? M. Théophile Gautier fait maintenant de la poésie en action; il met en scène ses rêveries les plus gracieuses, les fêtes de harem, les délicieuses amours des légendes allemandes, le ciel et la terre tout ensemble.

Le nouveau ballet est composé d'une action simple. C'est l'amour d'un mortel pour un objet céleste, l'incessant combat du désir et de la passion. Achmet, au milieu de son sérail, n'a plus de regards, même pour Nourmahal, sa sultane favorite; il a épuisé la coupe des voluptés, et Roucem, le ministre de ses voluptés, ne sait plus comment ranimer sa fantaisie distraite.

Un marchand a amené d'Europe quatre nouvelles esclaves, l'Espagnole exécute un boléro, l'Allemande une valse, l'Écossaise une gigue, la Française un menuet. Achmet, qui a paru prendre plaisir à ces danses, retombe dans sa mélancolie. La réalité ne lui suffit plus; il congédie toutes ses femmes, et il demande à l'opium des extases et des hallucinations. L'opium agit sur le cerveau d'Achmet, et pendant son sommeil, celui-ci se trouve sous l'influence d'une ravissante apparition. Les Péris, les fées orientales, sont venues le visiter. Leur reine voudrait attirer Achmet dans l'oasis fantastique; mais Achmet n'a pas d'ailes, et ne peut la suivre, elle lui remet un talisman qui lui donnera le pouvoir de faire descendre du ciel, à son gré, la divine beauté qu'il aime. Heureux Achmet! il n'a qu'à le vouloir, et aussitôt la fée lui apparaîtra. La vision achevée, son bonheur l'enivre et lui fait prendre en pitié ses favorites.

Achmet a chassé Nourmahal, et l'a revendue au marchand d'esclaves; mais la sultane, furieuse, ne laissera pas passer l'occasion de la vengeance. La Péri, ayant pris l'habit d'une esclave du pacha, tombée mourante sous le coup de feu d'une des sentinelles du harem, est éperdument aimée d'Achmet. Au moment où celui-ci, étonné de la ressemblance qui existe entre Leïla et la reine des Péris, lui déclare sa flamme, Nourmahal paraît. Laissons ici parler M. Théophile Gautier : « Nourmahal, l'ancienne favorite d'Achmet, n'a pu dévorer l'affront qui lui a été fait, ni oublier un maître ingrat. Il n'y a rien de tenace comme l'amour méprisé. Grâce aux intelligences qu'elle a conservées dans le palais, elle est parvenue à pénétrer jusqu'à l'endroit où se trouvent Achmet et Leïla. La vue de ce groupe augmente sa fureur; elle tire un poignard de sa ceinture et s'élance pour frapper Achmet. (Ce passage est celui que nous reproduisons dans notre dessin.) Heureusement Leïla lui retient la main et détourne le coup. L'altière sultane s'en prend alors à Leïla; mais Achmet s'interpose et arrache le kandjar des mains de Nourmahal, qu'il veut livrer au cimeterre des esclaves accourus. » Leïla intercède en faveur de son assassin.

Mais le pacha réclame son esclave, dont la Péri a pris la défense. Achmet refuse de la rendre, et on le condamne au supplice des crochets. Achmet est précipité dans l'abîme; mais la Péri ne le laissera pas mourir : « Les murs de la prison s'évanouissent; des nuages se lèvent, portant des groupes de Péris; le ciel s'ouvre, et l'on aperçoit un paradis musulman, merveilleuse et fantastique architecture dont Achmet, divinisé, monte les degrés étincelants, en tenant la main de celle dont il est désormais inséparable.

Le succès de la *Péri* n'a pas été un instant douteux : sauf quelques longueurs au deuxième acte, ce ballet touche à la perfection. Mlle Carlotta Grisi, qui remplit le rôle de Leïla, n'a jamais été plus poétique, plus légère, plus admirable. Nous avons eu des ballets qui s'appelaient Marie Taglioni, Fanny Elsler; celui-ci doit s'appeler Carlotta Grisi. On a fort applaudi un joli pas de quatre, au second acte, exécuté par mesdemoiselles Dimier, Caroline, Dabas 1re et Robert. La musique de M. Burgmuller est généralement gracieuse. La valse favorite de la *Péri* aura le succès de celle de *Giselle*. Les décorations sont merveilleuses. La vue du *Caire à vol d'oiseau*, le royaume des Péris, et le paradis musulman, ont provoqué les applaudissements de toute la salle.

A. C.

ACHMET.	MM. PETIPA.	AYESHA.	PIERSON.
ROUCEM.	BARREZ 1.	Une Écossaise.	CAROLINE.
Un marchand d'esclaves.	E. CORALLI.	Une Espagnole.	DIMIER.
LE PACHA.	BAGAINE.	Une Allemande	FLEURY.
Un eunuque.	ADICE.	Une Française.	ROGER.
Un geôlier.	QUÉRIAU.		
LA PÉRI	Mlles CARLOTTA GRISI.		
NOURMAHAL, sultane favorite.	MAROULT 1.		

Péris, Odalisques, Almées, Matrones, Surveillantes, Esclaves, Seigneurs, Exécuteurs, Eunuques, Icoglans, Chiaoux, Musiciens, Muets, Négrillons, Soldats, etc.

Legalle pinxt.

M.me STOLTZ ET M.r DUPREZ

dans la Favorite. (4.º acte)

Challamel édr. 4 r de l'Abbaye

Imp. Petit et Richard.

LA FAVORITE

Opéra en quatre actes.

PAROLES DE MM. ALPH. ROYER ET GUSTAVE VAEZ,

Décorations de MM. PHILASTRE et CAMBON (1er et 3me actes.
L. FEUCHÈRES, SÉCHAN, DIÉTERLE et DESPLÉCHIN (2me et 4me actes). — Divertissements de M. ALBERT.

MUSIQUE DE M. G. DONIZETTI,

Représenté pour la première fois à Paris, sur le théâtre de l'Académie royale de Musique,
le 2 décembre 1840.

Voici en peu de mots l'analyse de cet opéra en quatre actes.

La scène se passe dans le royaume de Castille en 1320.

Alphonse XI s'est épris d'une passion tellement étrange pour la belle Léonore de Gusman, qu'il veut répudier la reine pour elle. En ceci, Alphonse XI est imprudent; il n'encourt pas moins que l'excommunication du saint-siége; mais, pareil à Henri VIII d'Angleterre, il va au-devant de la foudre. Quelle est cette reine? Elle ne figure pas dans la pièce; mais quelle est la belle Léonore de Guzman? Il faut que je vous le dise.

Léonore pourrait passer au besoin pour l'Astrée de d'Urfée; elle est femme à faire mourir vingt Céladons. Elle est belle, elle est pâle, elle a des cheveux noirs, des yeux noyés de langueur, des manières impérieuses avec le roi, douces avec Fernand, c'est une délicieuse femme! Elle aime un novice, un novice au couvent de Saint-Jacques de Compostelle; c'est pour se désennuyer, sans doute; un amant-roi est si ennuyeux! Il a tant de voluptés prévues à offrir, et traîne tant d'ennuis à sa suite, qu'il vous rappelle involontairement le portrait du prince Potiron dans l'*Abbé Voisnon*.

« Le prince avait la tête grosse et rien dedans; ses jambes étaient aussi courtes que ses idées, de façon que, soit en marchant, soit en passant, il restait toujours en chemin. »

Tel n'est point pourtant Alphonse XI; il paraît galant, et, de plus, très-libéral. Le novice Ferrand, aimé de la maîtresse du roi, est allé courir les aventures et guerroyer contre le Maure; ce brevet de capitaine, c'était à Léonore qu'il le devait. Le roi a fait de lui un comte et un marquis, grâce à sa maîtresse. Quand Fernand revient, il fait plus; il lui donne Léonore... C'est là un trait généreux du roi Alphonse. Il est vrai que Fernand lui a demandé la main d'une noble dame de sa cour, et qu'il en revient victorieux accompli.

Ici commencent de pathétiques scènes de cœur; car voici que les courtisans ont découvert à l'infortuné que Léonore était maîtresse du prince. Fernand ne peut se résoudre à supporter une telle infamie; il foule aux pieds du roi ses ordres, ses colliers;

il brise son épée, il retourne à Saint-Jacques de Compostelle. Cette indignation est belle, et le parterre a prouvé que la situation de ce nouveau Cid l'intéressait vivement. Duprez a été remarquable dans le dernier hémistiche de cette fureur :

..... Car vous êtes le roi.

Il est peu de situations musicales de cette valeur, et M. Donizetti, en maître habile, n'a nullement cherché à en atténuer l'effet.

Ce dernier acte se passe au couvent; il y a là d'admirables empreintes de Roméo et du comte de Cominges. Les vers de MM. A. Royer et Gustave Vaez n'ont rien de commun avec le triste français des faiseurs d'opéras en titre.

Si la musique de M. Donizetti, ce compositeur à qui nous devons une perle charmante, *la Lucia*, a paru hâtivement faite en certaines parties, la franchise et la mélodie de son orchestre n'en a pas moins soutenu l'œuvre dans son ensemble. A part de bien légères réminiscences et quelques morceaux d'une facture un peu commune, qui entachent de vulgarité certaines phrases fort mélodiques, d'ailleurs, cette partition mérite d'être étudiée. Le chœur des jeunes filles près de la mer, l'air du roi, au commencement du deuxième acte, et le final du troisième, le meilleur de tous, selon nous, sont traités avec un ménagement exquis. Le duo du quatrième acte a été enlevé; la situation, moins forte que celle des *Huguenots*, n'en est pas moins vraie et saisissante. Pour M. Donizetti, la *Favorite* est à coup sûr un plus grand succès que les *Martyrs*. Le compositeur doit une partie de son succès aux exécutants : ils l'ont servi de toute leur intelligence. Plaçons en première ligne madame Stolz, dont le médium n'a jamais eu des cordes plus heureusement employées, et dont ce rôle ne peut que confirmer les progrès. Au quatrième acte surtout, elle a entraîné tout l'auditoire. Beaucoup de gens croyaient voir madame Dorval ou miss Smithson, Marion Delorme ou Ophélia.

Après le succès obtenu par Duprez dans tous ses rôles, il est fâcheux que nous nous trouvions dans la nécessité de l'avertir, pour qu'il se mette en garde contre un défaut d'exagération dans celui-ci, où il a eu pourtant un éclair admirable au final du troisième acte. C'est une grave erreur que de donner à Duprez des rôles frénétiques ou par trop passionnés. Ce chanteur excelle dans la mélodie posée et dans les récitatifs : le refouler sur la vague incessante de l'orchestre, c'est compromettre sa nature. Elle est, grâce à Dieu, assez précieuse pour être plus sagement employée.

Le grand *brouhaha* de la soirée, pour parler le langage des seigneurs du temps de Molière, c'était le début de Baroilhet, baryton-basse. Cet artiste a un beau style, un timbre vibrant, et une bonne méthode. Il lui reste à devenir un peu plus acteur ; mais de ce jour il peut partager avec Duprez le sceptre du chant.

LEONOR DE GUZMAN.	Mme Stolz.	DON GASPAR, officier du roi.	Wartel.
FERNAND.	MM. Duprez.	INEZ, suivante de Léonor.	Mlle Elian.
ALPHONSE XI, roi de Castille.	Baroilhet.	Un seigneur.	M. Molinier.
BALTAZAR, supérieur du couvent de St.-Jacques-de-Compostelle.	Levasseur	Seigneurs et dames de la cour, une Camercira-mayor, Pages, gardes, moines de Saint-Jacques, Pèlerins.	

Lormier del.

imp. A.gust et Junca.

L'EMPEREUR SIGISMOND.
1er Acte de Charles VI.

Tiré du Cabinet de Mr. Duponchel.

LA JUIVE,

Opéra en cinq actes,

PAROLES DE M. SCRIBE, MUSIQUE DE M. HALÉVY,

Divertissement de M. TAGLIONI.

Décorations de MM. PHILASTRE et CAMBON, SÉCHAN, DESPLÉCHIN, DIÉTERLE et Léon FEUCHÈRES.

Représenté pour la première fois à Paris, le 23 février 1835.

Ce bel opéra, depuis longtemps resté au répertoire, et qui est le plus beau titre de gloire de M. Halévy, l'emporte aussi par le luxe des costumes et la magnificence des décorations. La pièce est tellement connue à l'heure qu'il est, que nous nous abstiendrons d'en donner l'analyse. On sait que le rôle d'Éléazar, primitivement créé par l'infortuné Nourrit, reçut, quand Duprez l'aborda, une seconde création, si l'on peut dire ainsi. Mˡˡᵉ Falcon nous a laissé de douloureux souvenirs dans le rôle de Rachel, où elle avait atteint la perfection, et nous n'oublions pas non plus l'effet qu'y produisit Mᵐᵉ Stoltz, ainsi que son fameux *j'ai peur*, dont toute la salle était émerveillée. Le second et le quatrième acte sont des chefs-d'œuvre; l'air de la Pâque et celui d'Éléazar, soulèvent toujours les applaudissements de la salle entière.

Une des merveilles citées avec raison par la presse, est le cortége de l'empereur Sigismond.

Sigismond, empereur d'Allemagne, et roi de Hongrie et de Bohême, fut élu en 1410. Son ardeur religieuse était extrême, il brûlait d'éteindre le schisme qui affligeait l'Église, et pendant trois ans, il parcourut à cet effet toute l'Europe. A Paris, il eut la curiosité de voir juger quelques procès au parlement. Il s'y rendit, et occupa le fauteuil royal, ce dont les magistrats murmurèrent tout bas. On plaidait la cause d'un gentilhomme nommé *Signet*, qui prétendait à une charge qu'on lui disputait. Sa partie adverse objectait qu'il fallait être chevalier, et que Signet ne l'était pas. Alors, l'empereur ayant appelé Signet, lui dit : « Puisqu'il n'y a que ces obstacles au gain de votre cause, je vous fais chevalier, » et il lui ceignit l'épée au côté, et lui chaussa les éperons. Signet gagna sa cause.

Sigismond combattit les Hussites à outrance, persécuta les juifs, et fut un des soutiens les plus intolérants de l'Église.

Dans le libretto de l'opéra qui nous occupe, l'empereur vient dans Constance, pour assister au grand concile qu'il y fit tenir aussitôt son retour en Allemagne. Rien n'égalait la pompe qu'il déployait dans les circonstances solennelles, et le

3

metteur en scène de la *Juive*, M. Duponchel, n'a rien trouvé non plus de trop brillant pour composer le costume de Sigismond. Quelle richesse ! quelle magnificence ! Les draperies damasquinées rehaussées d'or et d'argent, le recouvrent lui et son cheval. Il porte dans sa main le globe de Charlemagne. Le cortége s'avance à la fin du premier acte ; les troupes impériales défilent devant le portail de la cathédrale ; les cardinaux, les princes de l'Église précèdent l'empereur. Le cardinal Brogni est placé sous un magnifique dais. Déjà le parterre et les loges admirent ce spectacle pompeux. Ce n'est rien encore. A l'arrivée de Sigismond et des hauts dignitaires de l'empire, tous à cheval, les cloches de la cathédrale et des autres églises de la ville se mettent en branle, le canon se fait entendre.

Une salve d'applaudissements accueille ce dernier tableau. Le cavalier se prosterne devant les marches de l'église, et les desservants l'encensent du seuil, pendant que l'orgue murmure des hymnes religieux. Le rideau baisse, et le spectateur demeure tout ébloui de cette pompe qui n'avait jamais fixé ses regards.

Le costume de Sigismond méritait d'être reproduit dans tous ses détails, car jamais il n'en a été dessiné de plus beau. L'exactitude et la richesse s'allient. Tout ce qui caractérise cette époque a d'ailleurs été parfaitement étudié dans cet opéra. Grâce à son merveilleux costume, l'empereur Sigismond, personnage muet, devient presque intéressant, ou tout au moins remarquable sous le rapport de l'art.

Plus de cent représentations n'ont point épuisé le succès de la *Juive*. Le divertissement du troisième acte est ingénieusement composé, et Mlle Sophie Dumilâtre s'y montre toujours l'excellente danseuse que nous avons tant de fois applaudie. S'il faut parler de la mise en scène et des décorations, nous dirons que le grand couvert du troisième acte, que la foule du cinquième acte, sont merveilleusement arrangés. La ville de Constance, dans les rues de laquelle défile le cortége, et la tente impériale du cinquième acte, avec toute la décoration, la chaudière et la place publique, nous paraissent atteindre la perfection. Ce sont deux panoramas complets.

Distribution de la pièce lors de la première représentation.

Le Juif ELÉAZAR.	MM. Ad. Nourrit.	Officier de l'empereur.	MM. Prévost.
Le cardinal Jean-François DE BROGNI, président du Concile.	Levasseur.	Hommes du peuple.	Massol. / F. Prévost / Alexis.
LÉOPOLD, prince de l'empire.	Lafont.		
RUGGIERO, grand-prévôt de la ville de Constance.	Dabadie.	Familier du Saint-Office.	Pouilley.
		Maître-d'hôtel de l'Empereur.	Hens.
ALBERT, sergent-d'armes des archers de l'empereur.	Prévost.	La princesse EUDOXIE, nièce de l'empereur.	Mme Dorus-Gras.
Héraut d'armes de l'empereur.	Dérivis.	RACHEL.	Mlle Falcon.

C. Deshaye del
Chalamel, edit. Paris.
imp. Grégoire Donnex.
Duprez
Barroilhet
DOM SEBASTIEN DE PORTUGAL
(2.e Acte)

DOM
SÉBASTIEN, ROI DE PORTUGAL

Opéra en cinq actes,

PAROLES DE **M. SCRIBE**, MUSIQUE DE **M. G. DONIZETTI.**

Divertissement de M. ALBERT.

Décorations de MM. SÉCHAN, DESPLÉCHIN, DIÉTERLE, PHILASTRE et CAMBON.

Représenté pour la première fois, à Paris, le 13 novembre 1843.

Soldat et poëte, Camoëns accompagne Dom Sébastien, roi de Portugal, qui va porter la guerre en Afrique. Dom Antonio, oncle du roi, et Juam de Sylva, grand inquisiteur, voient partir leur maître avec joie, espérant, le premier usurper le trône, le second livrer le Portugal à l'Espagne. Au moment où Dom Sébastien va s'embarquer avec ses troupes, une jeune fille, Zayda, est conduite au bûcher par les familiers de l'inquisition. Elle est africaine ; après avoir reçu le baptême, elle a senti des remords s'élever dans son cœur, elle a voulu revoir son pays et son vieux père, et elle n'a pas craint de fuir de son couvent. Le roi commue sa peine, il l'envoie en Afrique, « et près de son vieux père. »

Zayda aime Dom Sébastien. Arrivée en Afrique, elle ne peut consentir à épouser Abayaldos, son fiancé. Cependant, aux plaines d'Alcazar Kébir, les chrétiens sont vaincus. Après la bataille, Dom Sébastien, entouré de quelques officiers portugais blessés comme lui, est épuisé par la perte de son sang ; il est soutenu par Dom Henrique, son lieutenant, et tient encore à la main une poignée de sabre brisé. Abayaldos et les Arabes paraissent, et veulent massacrer le roi des infidèles. « Lequel de vous est Sébastien? dit Abayaldos. — C'est moi, répond Dom Henrique mourant. » Puis, le chef Arabe permet aux chrétiens d'accompagner la dépouille de leur maître jusqu'à son dernier séjour.

Dom Sébastien laissé pour mort, est évanoui au pied d'un rocher. Zayda, qui est entrée mystérieusement, examine avec effroi plusieurs cadavres de soldats et d'officiers portugais ; tout à coup, elle entend la voix de Dom Sébastien. Il vit ! il est là ! près d'elle ! Elle lui fait respirer des sels ; elle déchire son voile pour panser ses blessures, et s'écrie :

> Mon Dieu ! .. sa misère est si grande
> Qu'elle doit m'absoudre à tes yeux !...
> Et ta loi même nous commande
> De secourir les malheureux !
>
> SÉBASTIEN, *qui peu à peu est revenu à lui.*
>
> La lumière m'était ravie !....
> La mort allait fermer mes yeux....
> Qui donc me rappelle à la vie ,
> Et me rend la clarté des cieux !

Tel est le sujet du dessin que nous donnons.

Sébastien reconnaît Zayda, Zayda qui lui avoue son amour, qui veut le sauver ou mourir avec lui. Aussi, lorsque les Arabes reviennent en criant : Du sang ! du sang! elle promet à Abayaldos d'être sa femme s'il consent à laisser partir Dom Sébastien. Abayaldos accepte.

Plus tard, à Lisbonne, où Abayaldos et Zayda sont venus, Dom Antonio s'est emparé de l'autorité royale. On va rendre les derniers honneurs à Dom Sébastien, et on les rend à Henrique qui s'est dévoué pour lui. Un soldat blessé réduit à demander l'aumône, tend son casque à un inconnu... C'est Camoëns! Il s'adresse à Dom Sébastien. Le roi n'est pas mort. De vils intrigants vont lui ravir sa couronne. Camoëns, au moment où le cortége funèbre s'avance, présente au peuple Dom Sébastien vivant encore; mais Dom Antonio et dom Juam ne veulent point le reconnaître, ils le livrent au tribunal en l'accusant d'imposture. Devant les juges, Zayda affirme que celui qui est mort avait nom Dom Henrique, que Dom Sébastien a été sauvé par celle dont il est aimé. A ces mots, le jaloux et farouche Abayaldos la fait condamner comme adultère. On entraîne Zayda et le roi.

Dom Juam poursuivant l'accomplissement de ses projets, se présente devant Zayda emprisonnée, et lui offre de sauver la vie de celui *qu'elle nomme le roi,* pourvu qu'il signe un écrit. Zayda, heureuse, fait lire cet écrit à Dom Sébastien. C'est une renonciation au trône de Portugal!... Il y renoncera pour Zayda. Lorsque les inquisiteurs viennent la chercher, Dom Sébastien a signé; il n'est plus roi. A cet instant, une barcarolle se fait entendre; Camoëns paraît à la fenêtre; il apprend à Dom Sébastien qu'il a rassemblé tout le peuple, et qu'il l'a disposé en sa faveur. Tous trois se sauvent au moyen d'une échelle de cordes. Mais des soldats les ont aperçus; d'un coup de hache ils frappent l'échelle de corde qui se détache, emportant Dom Sébastien et Zayda qui roulent dans la mer. Camoëns resté sur le bastion, s'élance après eux. Inutiles efforts! Des matelots le ramènent blessé, et le conduisent à l'hôpital de la marine. Dom Antonio se croit maître du Portugal. Pas encore! répond Dom Juam, car Dom Sébastien a cédé sa couronne à l'Espagne.

Tel est le sujet du poème sur lequel M. Donizetti a composé une musique où l'on remarque de nombreuses beautés, et qui a le mérite d'être attachante. La cavatine de Duprez au second acte; le duo du troisième, entre Barroilhet et lui; tout le quatrième acte dont le morceau d'ensemble est sans cesse *bissé*; enfin, au cinquième, le duo de Duprez et de Mme Stoltz, et la barcarolle de Barroilhet, mettent cette partition au rang des plus belles qu'ait écrites le fécond *maestro*.

Sous le point de vue des acteurs, des décorations, de la mise en scène et des costumes, *Dom Sébastien* ne le cède en rien à la *Juive.* De magnifiques costumes arabes et portugais, un gracieux divertissement contribuent encore au succès de cet opéra que l'on verra souvent, parce qu'il ne fatigue pas.

Dom SÉBASTIEN, roi de Portugal.	MM. Duprez
Dom ANTONIO, son oncle, régent du royaume en son absence.	Octave.
JUAM DE SYLVA, grand inquisiteur.	Levasseur.
Le CAMOENS, soldat et poète.	Barroilhet.
Dom HENRIQUE, lieutenant de dom Sébastien	Ferdinand-Prevost.
ABAYALDOS, chef des tribus arabes, fiancé de Zayda.	Masson.
ZAYDA, fille de Ben-Sélim.	Mme Stoltz.

Seigneurs et Dames de la cour de Portugal.—Soldats et Matelots portugais.—Soldats et femmes arabes.—Membres de l'Inquisition.—Hommes et Femmes du peuple.

ROBERT LE DIABLE.

3me Acte.

ROBERT-LE-DIABLE

Opéra en cinq actes,

PAROLES DE MM. SCRIBE ET GERMAIN DELAVIGNE,

MUSIQUE DE G. MEYERBEER.

Divertissement de M. TAGLIONI.— Décorations de M. CICÉRI.

Représenté pour la première fois à Paris, sur le théâtre de l'Académie royale de Musique,
le 21 novembre 1831.

Il est des œuvres si universellement connues et admirées que leur nom seul peut tenir lieu de toute analyse et de tout commentaire : l'opéra de *Robert-le-Diable* est de ce nombre. Qui ne l'a vu et ne le sait par cœur ? Et que pourrait-on en dire, qui n'ait été dit cent fois. Nous nous bornerons donc à vous reporter à vos souvenirs, qui feront mieux que personne l'éloge de cette œuvre grandiose, où le beau sévère se marie si heureusement à la grâce et à la magnificence.

Le poëme emprunte tout son relief au merveilleux de la mythologie chrétienne La grande figure de Bertram, cet écho affaibli du Méphistophélès de *Faust*, absorbe autour d'elle tout l'intérêt et jette un reflet lugubre sur toute la pièce. Il est une scène qui semble renfermer le cachet de tout l'opéra ; c'est celle où la romance gracieuse d'Alice est soudainement interrompue par les rugissements des trombones et les blasphèmes de l'orgie infernale ; de même dans le reste de la pièce, tous les rêves de gloire et d'amour du héros s'évanouissent au souffle du génie du mal qui attise ses passions pour l'entraîner dans l'abîme. Seulement, l'on a peine à comprendre ce père qui aime assez son fils pour vouloir lui faire partager éternellement ses propres souffrances.

Entre les scènes caractéristiques de la pièce, on peut citer aussi celle où Bertram interroge Alice, et, s'apercevant qu'elle a pénétré le mystère qui l'enveloppe, la foudroie par ces paroles :

> Tu l'as voulu, gentille Alice !
> Par ta vertu te voilà ma complice,
> Et désormais tu m'appartiens !

Alice épouvantée est tombée à genoux au pied de la croix, et le Maudit la fascine du regard et du geste.

La partition de Meyerbeer fait époque dans les annales de l'Opéra par son succès d'enthousiasme et l'espèce de révolution qu'elle causa dans le monde musical ; l'illustre auteur de *Guillaume Tell* et son école régnaient sans partage sur la scène lyrique, quand l'apparition de *Robert-le-Diable* ramena l'opinion et la vogue vers le genre austère, en l'unissant par un heureux effort du génie à la grâce du genre plus brillant. On y trouve la fraîcheur et la facilité des mélodies italiennes unies à la majesté lugubre et à la teinte fantastique du style allemand.

Si l'on voulait citer, il faudrait citer tout ; le troisième et le cinquième acte surtout sont réellement des chefs-d'œuvre. Dans le troisième, la situation a fourni au compositeur d'heureux effets de contraste et d'harmonie imitative, en donnant parfois une tournure bizarre à sa musique.

Mais c'est au cinquième acte que le génie de Meyerbeer est arrivé à son apogée ; on ne peut entendre sans se sentir frissonner ce duo où les chants de l'orgue et des moines rappellent tout-à-coup Robert aux souvenirs de la vie de famille ; cette scène, le chœur d'introduction et le trio final seront toujours nouveaux et sublimes.

— On sait que le rôle de Robert fut créé par Ad. Nourrit, qui y imprima le cachet de son talent. Le grand artiste saisit parfaitement l'esprit, et fit merveilleusement ressortir les nuances de ce rôle si difficile qui est demeuré un de ses plus beaux triomphes, comme acteur et chanteur. Les autres principaux rôles étaient remplis par MM. Levasseur, Lafont, Prévot, Alexis, Massol et Mmes Cinti-Damoreau et Dorus-Gras. Mlle Taglioni s'était chargée du rôle de l'abbesse qu'elle remplit avec un charme et un talent inouï.

— Cet opéra fut joué sous M. Véron et honore sa direction. La magnificence et la vérité de la mise en scène, due au goût éclairé de M. Duponchel, ainsi que le luxe des danses, contribuèrent à produire des bénéfices prodigieux qui se continuent encore, car, après plus de 250 représentations, cet ouvrage fait encore recette.

E.Desmaisons del.

Challamel éditeur.

Imp. Gregoire & Deneux.

LES HUGUENOTS

Decoration du Second Acte.

LES HUGUENOTS

Opéra en cinq actes.

PAROLES DE M. SCRIBE, MUSIQUE DE G. MEYERBEER,

Décorations de MM. SÉCHAN, LÉON FEUCHÈRES, DESPLECHIN et DIETERLE.
Divertissement de M. TAGLIONI.

Représenté pour la première fois à Paris, sur le théâtre de l'Académie royale de Musique,
le 29 février 1836.

Situations dramatiques et saisissantes, musique sublime, décorations splendides et remplies d'effet, danses gracieuses et originales, tout contribue à faire de cet opéra un des spectacles les plus attrayants que puise offrir la scène.

La scène se passe au mois d'août 1572, les deux premiers actes en Touraine, les trois derniers à Paris.

Au premier acte, la fête chez le comte de Nevers, où Raoul chante cette délicieuse romance avec accompagnement d'alto seul, qui apparaît comme une vaporeuse rêverie au milieu du tumulte du festin. Assis autour de tables somptueuses, de jeunes seigneurs expriment leur folle gaîté dans un chœur plein de verve et charmant de détails, tandis que Marcel, le puritain austère, entonne le choral de Luther pour sauver son maître, prêt à s'oublier dans les charmes de la fête. Ce chant sacré, d'un caractère large et sévère, éclatant tout-à-coup dans la bouche du vieux soldat, au milieu des refrains à boire des courtisans, produit un de ces effets de contraste qui sont un des secrets du génie.

Au second acte, la cour de la jeune reine Marguerite, dans les jardins du château de Chenonceaux, sous le beau ciel de la Touraine. La reine et ses dames sont assises sous de frais ombrages, aux bords fleuris de la Loire ; le château, dans le fond, fait étinceler au soleil les vitraux de ses mille fenêtres, et ouvre ses murs de granit pour laisser passer le fleuve ; un escalier de marbre descend du pont-levis jusqu'au premier plan, où des arbres séculaires répandent leur ombre épaisse sur le groupe élégant des beautés de la cour de France. Des baigneuses sortent du fleuve et exécutent devant la princesse un pas exquis de volupté et de fraîcheur. Le sujet que reproduit notre lithographie, est le moment où Raoul, les yeux bandés, arrive guidé par le petit page de la reine.

Au troisième acte, le théâtre représente le Pré-aux-Clercs : à gauche, une chapelle gothique ; à droite, des tavernes où boivent et chantent des soldats huguenots ; dans le lointain, les toits aigus du vieux Paris. Des groupes d'hommes et de femmes du peuple regardent danser des bohémiens et bohémiennes, aux allures vives et agaçantes, au costume bigarré et pittoresque. Leur pas est accompagné d'une musique légère et sautillante de la plus grande originalité. Cependant la cérémonie nuptiale de Valentine et du comte de Nevers se célèbre ; le peuple et les soldats se rangent pour faire place au cortége qui s'avance en grande pompe vers la chapelle.

Au quatrième acte, la conjuration et la bénédiction des poignards chez le comte de Saint-Bris. Trois moines à l'œil inspiré, à la voix enthousiaste, font jurer sur la croix à une troupe de fanatiques, mort à tout partisan de Calvin. Le comte les excite au meurtre au nom de Dieu et du roi, et leur troupe forcenée s'élance sur le devant de la scène en brandissant ses poignards, avec des cris de malédiction contre ses ennemis. Le trio des moines et le chœur, *frappons ! oui, tous à la fois,* sont d'une énergie et d'une expression qui portent l'effroi dans l'âme des spectateurs les moins impressionnables.

Au cinquième acte, le massacre de la Saint-Barthélemy. On voit un pont jonché de morts et de mourants, la Seine et ses quais se dessinent dans les ombres de la nuit, éclairés par les lueurs blafardes des torches et de l'incendie. Des femmes, des enfants, de malheureux huguenots traversent précipitamment la scène, poursuivis par leurs meurtriers. On entend la fusillade, le cliquetis du fer, les cris de mort des catholiques. Marcel, Raoul et Valentine, sanglants et meurtris, se tiennent enlacés et reçoivent le coup fatal, en chantant le chœur de Luther. Ce motif du choral qui s'élève dans le fracas de la mêlée, comme un chant de foi et d'espérance est une des plus belles inspirations du drame.

Ces trois personnages sont ceux sur lesquels se concentre tout l'intérêt.

Le caractère le plus fortement trempé est sans contredit celui du vieux Marcel, ce diamant brut incrusté dans du fer, comme dit Raoul. C'est à la fois le type du puritain austère et presque farouche, du soldat vieilli dans les camps et les batailles, et du vieux serviteur dévoué corps et âme au fils de ses maîtres. D'un bout à l'autre de la pièce, il veille avec amour sur son fils chéri, tantôt pour le garantir des piéges de Satan, tantôt pour se jeter au-devant du péril qui le menace. Sentiment religieux poussé jusqu'au fanatisme, franchise et presque rudesse, cachant un cœur bon et sensible, tels sont les principaux traits de ce beau rôle auquel le

A. Deveria del.

Chabrillat éditeur

Imp. Hug. r. Richer 2

LES HUGUENOTS.

génie de Meyerbeer donne l'animation. Quand on entend ces notes si mâles et si graves, ces chants d'un style si religieux et si solennel, on se croit transporté sous les sombres arceaux des grandes cathédrales allemandes, au milieu du culte sévère de Calvin. Il est une scène surtout, éminemment dramatique d'ailleurs, qui porte profondément l'empreinte du sentiment religieux : c'est la bénédiction nuptiale pendant le massacre. Raoul et Valentine, à genoux, unissent leurs mains, et Marcel, debout, l'œil inspiré, les interroge et les prépare au martyre avec ce ton d'autorité auquel lui donnent droit ses cheveux blancs. L'orchestre se tait, la voix du vieillard retentit solitaire et puissante dans les ombres du saint lieu, et la clarinette basse lui fait écho de ses notes profondes et mélancoliques.

Valentine est la femme aimante et dévouée, capable des sacrifices les plus sublimes. Elle aime Raoul avec passion, et conserve précieusement son amour au milieu des haines religieuses qui fermentent autour d'elle. Rebutée et méconnue, elle se résigne et pardonne. Un complot est tramé contre son bien-aimé, et pour le sauver il faut trahir le secret de son père ; dans l'excès de son amour, elle oublie ses devoirs de fille et d'épouse, et avertit Marcel dans ce beau duo du troisième acte où règne une expression si passionnée et si touchante. Raoul, éclairé trop tard, vient réclamer son pardon, et découvre les sinistres projets de la Saint-Barthélemy. Il va courir à une mort certaine, Valentine ne pense plus qu'à le sauver ; elle prie, elle supplie, elle se traîne avec désespoir à ses pieds ; il va partir malgré ses larmes, lorsqu'elle l'arrête par un mouvement sublime ; sa bouche mourante laisse échapper enfin ce mot irrésistible : je t'aime ! Il vole dans ses bras, et les deux amans oublient, dans un rapide moment d'ivresse, et leurs devoirs et leurs périls. La musique de cette scène si pathétique est écrite dans le style le plus noble et le plus passionné : tour à tour énergique ou suppliante, elle vous déchire ou vous arrache des larmes, et fait passer dans votre âme toutes les angoisses des deux personnages.

Enfin, lorsque Raoul, rappelé à lui-même, a couru au secours de ses frères, Valentine erre éperdue dans les horreurs de cette lugubre nuit, à travers l'incendie et la mêlée, le cherchant pour le sauver ou mourir avec lui. Il refuse le salut qui le rendrait parjure, et son amante met le comble à ses sacrifices en embrassant sa religion et partageant son martyre.

Raoul est comme tous les amoureux d'opéra, jeune, brave, plein de loyauté et de confiance. Élevé dans les principes du calvinisme et formé à la rude école des camps, il n'a point corrompu ses qualités natives dans l'atmosphère de la cour ; aussi aime-t-il, avec l'ardeur d'un cœur de vingt ans, une femme qu'il n'a vue qu'une fois, dans une aventure romanesque qui décide de sa vie. Tantôt il chante la dame de ses rêves dans une charmante cavatine ; tantôt, sa voix mâle et fière confie à Dieu la fortune d'un combat mortel ; ici, il peint sa passion et son délire aux pieds de sa Valentine ; là, il appelle ses frères aux armes et à la vengeance.

7

Ces trois rôles, si beaux comme caractères et comme musique, furent interprétés
pour la première fois avec beaucoup de bonheur et de talent par MM. Ad. Nourrit,
Levasseur et Mlle Falcon. Le rôle de Raoul est aussi l'un des meilleurs de Duprez,
qui chante admirablement, surtout, la romance du premier acte, le grand septuor
et le duo du quatrième acte.

Distribution de la pièce :

MARGUERITE DE VALOIS, fiancée de Henri IV.		Mme Dorus-Gras.
Le Comte DE SAINT-BRIS, seigneur catholique, gouverneur du Louvre.		M. Serda.
VALENTINE, sa fille.		Mlle Falcon.
Le comte DE NEVERS.		M. Dérivis.
COSSÉ.		M. Dupont.
THORÉ.	Gentilshommes catholiques.	M. Wartel.
TAVANNES.		M. Massol.
DE RETZ.		M. Ferdinand Prévost.
RAOUL DE NANGIS, gentilhomme protestant.		M. Adolphe Nourrit.
		M. Duprez.
MARCEL, son domestique.		M. Levasseur.
URBAIN, page de la reine Marguerite.		Mlle Fléchaux.

GUIDO ET GINEVRA.

GUIDO & GINEVRA

OU LA PESTE DE FLORENCE

Opéra en cinq actes.

PAROLES DE M. SCRIBE, MUSIQUE DE M. HALEVY.

Décors de MM. FEUCHÈRE et CAMBON.

Représenté pour la première fois à Paris sur le théâtre de l'Académie royale de Musique
le 5 mars 1838.

L'action commence au village en 1552, se déroule à la cour de Cosme 1er, grand duc de Sienne et de Toscane, à travers les empoisonnements et les ravages de la peste, et finit en pastorale.

Des groupes de cavaliers et de belles dames de Florence sont venus jouir du tableau animé d'une fête de village; les danses, les jeux de toutes sortes, les tables de buveurs, les couples d'amoureux se croisent; tout rit, boit, danse ou devise joyeusement. Un jeune homme cependant reste seul indifférent au brouhaha de la fête; absorbé dans sa contemplation mélancolique, Guido dévore du regard une jeune fille, dont la mise assez modeste annonce une petite bourgeoise, et pour laquelle il se meurt d'amour depuis l'année précédente.

Par bonheur le tourbillon des danseurs s'éloigne et les laisse seuls. Guido aborde la belle inconnue, et sa passion éclate en paroles brûlantes qui certainement incendieraient son cœur ingénu, s'il n'était interrompu par une bande de condottieri qui veulent brutalement enlever la dame de ses rêves. Les paysans et les seigneurs accourent au bruit et délivrent la jeune fille qui n'est autre que Ginevra, unique enfant du grand duc, et qui est reconduite au palais paternel après avoir prodigué des soins empressés à son chevalier Guido, tombé en la défendant.

Quelques mois plus tard, la chenille s'est métamorphosée en papillon, le villageois est devenu un sculpteur renommé, et son talent lui vaut l'honneur d'assister aux fiançailles de la fille du duc avec Manfredi, duc de Ferrare. Grand étonnement et grande douleur de la part de Guido qui ne retrouve sa bien-aimée que pour apprendre quel abîme les sépare. La fête est splendide, les plumes se balancent au vent, le velours et la soie, l'or et les diamants éclatent et brillent aux mille lumières des girandoles. La joie rayonne sur les figures, le sourire erre sur les lèvres, mais des haines fermentent dans bien des poitrines et plus d'un projet sinistre éclot au milieu des plaisirs du bal.

Le duc de Ferrare, qui a découvert la passion de Guido pour sa fiancée, confie à un condottiere, Forte Bracchio, le soin de le guérir avec un coup de stylet. Le bandit se dispose à s'acquitter consciencieusement de sa mission, quand la cantatrice Ricciarda vient lui offrir double récompense pour poignarder Manfredi et la jeune princesse pour laquelle il l'a délaissée. Forte Bracchio, lié par son engagement primitif, capitule pour le second; il épargne le duc, et donne à Ginevra un voile empoisonné qui fera imputer sa mort à la peste qui vient d'éclater dans Florence.

Au troisième acte nous sommes loin de la franche gaieté de la fête villageoise, et la scène se rembrunit de plus en plus. Une décoration majestueuse et lugubre représente la cathédrale de Florence avec son architecture imposante, et au-dessous le caveau funéraire où le corps de Ginevra repose sur un lit de parade. L'office des morts s'achève, le père désolé vient adresser le dernier adieu à son enfant, puis la pierre sépulcrale retombe et tout rentre dans le silence et les ténèbres. Cependant Ginevra, dont les sens étaient engourdis par un assoupissement léthargique, revient à la vie et se voit plongée dans les horreurs du funèbre caveau. Son désespoir, ses cris de terreur, ses efforts pour soulever les énormes dalles qui la séparent des vivants, tout est inutile; la jeune fille est condamnée à la plus affreuse des morts, quand la lueur tremblante d'une lanterne pénètre dans le souterrain. Ce sont les condottieri qui viennent dépouiller la morte de ses riches parures. A peine ont-ils ouvert la grille qu'un fantôme blanc se dresse et leur barre le passage; ils se prosternent atterrés et tremblants, et Ginevra sort lentement du tombeau.

Le quatrième acte est encore plus lugubre: Florence est en proie aux ravages de la peste qui fauche à travers sa population. Ici l'orgie échevelée est interrompue par l'apparition du terrible fléau qui frappe Manfredi et sa maîtresse Ricciarda au milieu des joies du banquet. Là des malfaiteurs portent le meurtre, le pillage et l'incendie dans les palais abandonnés. Ginevra, enveloppée de son blanc linceul, erre à travers les rues désolées de la ville, demandant un asile et un appui. Tout fuit à son aspect et la malheureuse tombe glacée de terreur, de fatigue et de froid, sur les degrés de marbre du palais de ses pères. Il fut toujours un dieu pour les amants; son inspiration tutélaire amène Guido, qui retrouve son amante et la rappelle à la vie et au bonheur.

Le cinquième acte nous ramène au village. Les deux amants ont caché leur nid sous le feuillage, et nous sommes dans les chaumières et les moutons. Un hasard d'opéra amène le grand duc, qui reconnaît sa fille adorée et veut la ramener à la cour. Mais les supplications des amants attendrissent le bonhomme qui finit par bénir leur union et les laisser être heureux aux champs.

La partition présente les qualités qui distinguent les opéras d'Halevy; on pourrait désirer un peu plus de variété et un peu moins de sécheresse dans certaines parties.

Le rôle de Guido fut écrit pour Duprez qui le chante avec sa perfection accoutumée et qui eut un succès frénétique à la première représentation. Mme Dorus-Gras et Massol obtinrent aussi un succès mérité.

Les décors du second, du troisième et du quatrième acte sont très-beaux; la mise en scène et les costumes sont magnifiques, les danses sont variées et de bon goût. C'est dans cet opéra que fit son apparition le mélophone, instrument qui participe à la fois du piano, de l'orgue et du cornet à piston.

LADY HENRIETTE.

LADY HENRIETTE

OU LA SERVANTE DE GREENWICH,

Ballet-pantomime en trois actes,

PAR MM. SAINT-GEORGES ET MAZILLIER;

Musique de MM. FLOTOW, BURGMULLER et DELDEVÈZE,
Décorations de M. CICÉRI.

Représenté pour la première fois à Paris, sur le théâtre de l'Académie royale de Musique,
le 22 février 1844.

Il était une fois une grande dame qui s'ennuyait à en mourir; et pourtant la fortune l'avait traitée en enfant gâté: jeunesse, beauté, richesse, honneurs, tout ce qui vaut un désir et un regret dans la vie, lui souriait; et cependant elle s'ennuyait. Les folles saillies de Nancy, la plus amusante des soubrettes, les langoureux roucoulements de son adorateur sir Tristan Crakfort, le gentleman le plus noble et le plus compassé de la Grande-Bretagne, tout était impuissant à ramener le sourire sur ses lèvres de rose.

Un jour donc que la capricieuse lady Henriette, après avoir bien désespéré Nancy et bien lutiné son noble prétendu, s'ennuyait comme d'habitude, les joyeux flonflons d'une marche villageoise vinrent à se faire entendre, et un frais cortége de jeunes et rieuses paysannes défila en chantant sous les fenêtres du château, où régnait un si opiniâtre ennui. C'étaient les jeunes filles des environs qui se rendaient à la fête du marché aux servantes. A leur vue, l'idée la plus bizarre, la plus folle qui ait jamais surgi dans cerveau féminin, s'empare irrésistiblement de la jeune lady. Ce que femme veut, Dieu le veut! Aussi, sir Tristan, très-scandalisé, a beau dire et beau faire, Henriette et Nancy se revêtent de l'accoutrement coquet et piquant de deux villageoises, et entraînent à leur suite, au marché, le malheureux gentleman, qui soupire et maugrée de se voir métamorphosé en amoureux de village. Lady Henriette, qui s'amuse enfin, est trop folle pour s'arrêter en si bon train: un jeune et beau fermier insiste avec tant de grâce pour en faire sa servante, que notre étourdie accepte le marché. C'est sérieux, et sans l'empressement de sir Tristan qui l'enlève dès le soir même, la noble dame restait au service du jeune fermier. Au reste, Lyonel n'eût pas été un maître bien sévère, car il s'est épris de fol amour pour les beaux yeux et la charmante tournure de la prétendue servante, et sa disparition lui cause un tel désespoir qu'il déchire le contrat qui devait l'unir à la gentille Mina, et s'élance à la poursuite de la fugitive.

Cependant Lyonel, ne pouvant plus vivre dans les lieux où tout lui rappelle l'apparition enchanteresse qui l'a fasciné, s'est fait soldat, ressource ordinaire aux amoureux désespérés, et dans une chasse royale a sauvé la reine, emportée par un cheval fougueux, ce qui lui a valu les épaulettes d'officier des gardes.

Or la reine Anne, imitant son royal cousin de France, donne un ballet mythologique où elle daigne figurer dans le personnage auguste de Junon. Nous y retrouvons sir Tristan qui s'est chargé du rôle de Jupiter, auquel lui donne incontestablement droit l'aristocratie de ses manières. Les lords et ladys de la cour, affublés des costumes et des attributs des dieux de l'Olympe, entourent la reine assise au milieu des nuages et regardent une scène d'amour, dans laquelle lady Henriette, en costume de Vénus, fuit les poursuites passionnées d'un jeune berger.

Lyonel, que ses fonctions amènent sur le théâtre, s'arrête stupéfait: dans la fausse Vénus, il a cru reconnaître celle qu'il aime. Éperdu, ivre de joie et d'amour, il s'élance sur la scène, saisit la déesse épouvantée, la presse sur son cœur, et va l'enlever, quand les gardes, accourus sur l'ordre de la reine indignée, arrêtent le délire du jeune officier :

> « La garde et les amours
> Se chamaillent toujours. » (comme dit Béranger).

Au troisième acte, Lyonel est parvenu à s'échapper, et arrive en courant, pâle et en désordre, dans l'appartement ou lady Henriette s'est retirée pour se remettre de son émotion et dévorer en silence son humiliation et son dépit. Il se jette à ses pieds, et implore son pardon ; mais l'orgueilleuse grande dame lui ordonne impérieusement de sortir, et, sur son refus, ouvre elle-même aux gardes qui le cherchent.

C'en est trop pour la tête du pauvre Lyonel ; ce dernier coup lui enlève le peu de raison qui lui restait, et Bedlam ouvre ses portes au malheureux fou d'amour.

Cependant la bonne reine Anne honore de sa visite l'asile royal des fous de Bedlam, et lady Henriette désolée reconnaît la victime de son étourderie. Folle tête et bon cœur s'allient souvent, dit-on ; et lady Henriette, malgré ses caprices et son étourderie, réellement désespérée du malheur qu'elle a causé, entreprend généreusement de le réparer.

Le fou est transporté dans sa ferme, disposée comme au temps de son séjour ; lady Henriette, dans son costume de servante, s'arrête pâle et émue en face de Lyonel interdit, qui regarde la charmante apparition comme un homme sous l'influence d'un songe. Peu à peu, les idées lui reviennent moins confuses, ses yeux brillent de bonheur, sa poitrine se gonfle, et il vient tomber aux pieds de la jeune femme, recouvrant à la fois le souvenir et la raison. Lady Henriette charmée ne peut songer à détruire le bonheur qui est son ouvrage, et la reine Anne, qui a reconnu son sauveur, consent à leur union.

MARIE
TAGLIONI.

Pour parler de Marie Taglioni, il faudrait, comme disait feu M. de Parny, tremper une plume de colibri dans les couleurs de l'arc-en-ciel et écrire sur les ailes de gaze d'un papillon. Il est bien arrêté et bien convenu que c'est un être vaporeux, idéal, proche parent de ces sylphes aux ailes d'azur, qui nagent dans un rayon de soleil, ou boivent la rosée en rasant la cime des fleurs.

Nous que notre nature toute terrestre ne met pas en relation avec ces hôtes légers des airs et qui nous servons grossièrement d'une plume arrachée à l'oiseau que vous savez, nous vous dirons tout bonnement que Mlle Taglioni a mérité son immense réputation, en créant un genre d'une perfection idéale où elle a réuni aux charmes de la danse de salon les attraits de la danse scénique. Plus charmante de grâce et de volupté que nos plus doux rêves, elle a su trouver le secret de conserver toujours, dans les poses les plus enivrantes, un sentiment exquis de décence et de bon goût.

Marie est une fille du nord, ce pays des ombres légères et des fantômes; elle est née à Stockolm, en 1808 ou 9 ; mais le sang ardent du midi coule aussi dans ses veines ; car si elle eut pour mère la fille de Karlsten, le Talma de la Suède, son père fut Taglioni le Sicilien, célèbre chorégraphe et premier sujet de la danse au théâtre royal de Stockolm.

La jeune Marie essaya ses premiers pas sur le théâtre de Vienne, en 1822, dans un ballet composé pour elle par son père et intitulé: *Réception d'une jeune nymphe au temple de Terpsychore*. Elle débuta par un triomphe dont le retentissement émut toute l'Allemagne. Stuttgard l'arracha à Vienne ; puis Munich envoya un ambassadeur chargé de la mission délicate d'engager la jeune merveille.

En 1827 elle vint demander à Paris de sanctionner sa gloire déjà européenne, et débuta dans *le Sicilien*. Après avoir terminé son engagement à Munich, elle reparut à l'Opéra en 1828 dans *les Bayadères*. Elle créa *la Belle au bois dormant*, le rôle de *Flore*, le pas si léger et si gracieux de *Guillaume Tell*, la *Sylphide*, *Nathalie*, *la Fille du Danube*, la *Révolte au Sérail*, *Brésila* etc., etc.

Que vous dirai-je? A chaque nouveau rôle, Taglioni grandit en talent et en renommée; l'admiration alla jusqu'au fanatisme ; les fleurs, les couronnes, les hommages de toute sorte, les louanges de la presse, les vers des poëtes tombèrent en pluie à ses pieds. Une gracieuse statuette reproduisit la Sylphide prenant son vol, et Méry lui adressa une ode, dont voici quelques fragments :

Ouvre tes ailes prisonnières
Aux accords des maîtres des chants ;
Voici les brises printanières,
Vole avec elles, Fleur des champs !
Sylphide, Péri, Lutin, Ange,
Fille du Danube ou du Gange,
Tous les chemins te sont ouverts :
Le monde est un orchestre immense
Qui pour toi toujours recommence,
Et ton théâtre est l'univers !

Près des lacs aux blondes bergères,
Rossini, dessinant tes pas,
T'inonda de notes légères,
Toi que l'oiseau ne suivrait pas !
Meyerbeer, sévère génie,
Pour toi fit jaillir l'harmonie
Du marbre glacé des tombeaux ;
Adam t'ouvrit un nouveau monde,
Un palais de cristal sous l'onde,
Sylphide de l'air et des eaux.

Auber, l'harmonieux poëte,
Te guide, l'orchestre à la main ;
Pour te voir l'Asie est en fête,
Ses fleurs embaument ton chemin ;
Le ciel de l'Inde t'illumine ;
Déjà le bonze et le bramine
Suivent ton gracieux élan ;
Secoue au regard qui t'admire
Les écharpes de Cachemire
Et les perles de Ceylan.

La nuit, gracieuse merveille,
Quand au soir passé nous rêvons,
Auprès de la lampe qui veille
Sur l'autel que nous t'élevons,
Il semblera que ton argile
Va briser la vitre fragile
Avec des ailes de vermeil,
Et que l'alcôve aux doux mensonges
Va t'accueillir parmi les songes
Qui nous consolent du sommeil !

Mlle Taglioni quitta un public idolâtre pour aller se livrer à l'admiration de Saint-Pétersbourg, de Londres et de Berlin. Le papillon nous est revenu, puis s'est envolé de nouveau ; enfin, il y a un mois, il a déposé ses ailes, en présence de tout Paris artistique, accouru pour recevoir ses adieux.

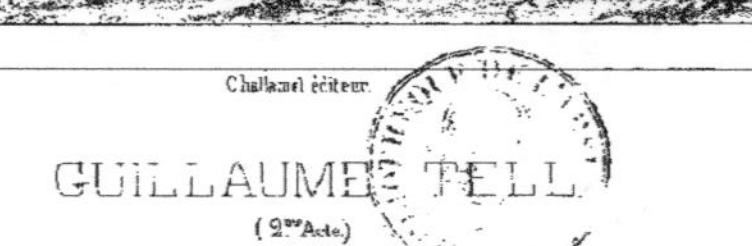

Celestin Deshays. del

Challamel éditeur.

Imp. Jules Sige et Cie

GUILLAUME TELL

(2me Acte)

GUILLAUME TELL

Opéra en quatre actes réduit à trois.

PAROLES DE MM. DE JOUY ET HIPPOLYTE BIS

Musique de ROSSINI,

Divertissements de M. AUMER. — Décorations de M. CICÉRI.

Représenté pour la première fois à Paris, sur le théâtre de l'Académie royale de Musique,
le 3 août 1829.

Si vous aimez la bonne et franche musique, aux inspirations fraîches et naturelles, aux douces et attendrissantes mélodies, aux harmonies larges et sonores, allez entendre le délicieux poëme qu'a écrit Rossini à propos du libretto de *Guillaume Tell*. Nous disons poëme, car vous y reconnaîtrez la légère et brillante idylle, l'élégie tendre ou rêveuse, plaintive ou passionnée, l'ode aux allures amples et fières, à la voix puissante et hardie. La poésie est répandue à profusion dans ces suaves romances, dans ces récitatifs si amoureux, dans ces airs, ces chœurs si larges et si brillants ; elle coule à flots dans cette instrumentation sans égale où l'heureuse alliance de la science et de l'inspiration a fait éclore tant d'enchantements.

En vain voudrions-nous vous faire l'analyse de la pièce ; les souvenirs mélodieux de la partition chantent avec tant d'opiniâtreté au fond de notre âme qu'ils effacent complétement le pauvre libretto, si décousu et si mutilé aujourd'hui. Il faut donc que nous vous parlions musique et encore musique, et que nous tentions de traduire en langue vulgaire cette épopée écrite dans la langue des cieux. Et d'abord racontons la merveilleuse ouverture qui prélude au chef-d'œuvre.

Habeneck trône devant son pupitre et tient suspendus, à la pointe de son archet, les torrents d'harmonie prêts à s'épandre dans la salle ; le silence s'est abattu sur les loges et le parterre, et la foule attend le signal en retenant son souffle. La baguette tombe sur le pupitre, et soudain, des profondeurs de l'orchestre, monte la plainte mélancolique des violoncelles qui s'appellent et se répondent ; les masses sonores s'allument à leur voix, les cors et les trompettes éclatent, les trombones mugissent, les ophicléides détonnent. L'éclair passe au ciel, la foudre gronde, et bientôt la tempête, dans toute sa fureur, roule des vagues retentissantes, qu'Habeneck, nouveau Neptune, aiguillonne ou modère au gré de son archet en guise de trident. —Cependant le tumulte s'apaise, les tonnerres et les menaces de l'orage s'éloignent ; la flûte hasarde une note, le hautbois se réveille ; le soleil, débarrassé des nuages, resplendit sur les campagnes, et la flûte, rassurée, le salue de son chant de reconnaissance et d'amour, douce et suave mélodie dont le charme ineffable épanouit l'âme et la parfume. Écoutez ! voici que de sa voix plus

9

grave, le cor anglais lui répond en soupirant, tandis qu'elle voltige et folâtre autour de sa chanson rustique. Fermez les yeux, vous êtes au lever de l'aurore, écoutant sous le feuillage, au milieu des perles de la rosée, le duo de la fauvette et du rossignol.

Mais la trompette élance sa fanfare guerrière du fond de la vallée, le cor résonne dans la montagne... Une marche vive et hardie se dessine dans le lointain ; elle grandit, elle approche, elle envahit la salle et chante les combats par les cent bouches de l'orchestre... Il y a encore de charmants babillages des violons et des altos, pleins d'heureuses saillies et de reparties spirituelles, des phrases vigoureuses et puissantes jetées à pleins poumons par les monstres de l'orchestre. Enfin, l'hymne du triomphe et de la délivrance s'élève éclatant et splendide, et termine l'ouverture avec ses accents inspirés et ses brillantes harmonies.

Aux chanteurs maintenant, et Dieu veuille que la voix humaine ne reste jamais au-dessous de la pureté de son et d'expression des organes de bois ou de cuivre.

Voici d'abord Guillaume Tell, l'archer héroïque, le nautonnier intrépide, rôle large, grandiose, primitif comme les héros d'Homère. C'est Baroilhet qui nous le chante, avec sa voix mordante et vigoureuse : il y met de la franchise, de l'ampleur, et parfois même une certaine rudesse montagnarde qui ne messied pas. C'est Guillaume Tell, si nous fermons les yeux ; mais plaignons ce beau talent d'être enchaîné pour la vie à de si grands bras et à de si longues jambes.

Voici encore la rêveuse Mathilde, qui s'est enamourée du hardi montagnard qui la sauva naguère de l'avalanche : elle a déserté la chasse pour confier sa passion aux échos, aux forêts et aux étoiles, quand Arnold survient fort à propos pour recevoir ses brûlants aveux. C'est un rôle tout imprégné d'ardent amour et de poésie mélancolique, que Mme Dorus-Gras chante et joue avec infiniment de goût et de sentiment.

Mais le rôle le plus saillant, le plus sublime de fougueuse tendresse et d'enthousiasme, est celui de l'amoureux et chevaleresque Arnold. Il est si beau, si grand, qu'il faut se sentir bien fort pour oser l'aborder. Il convenait merveilleusement aux puissantes facultés musicales et dramatiques de Nourrit, qui y fut, comme toujours, grand chanteur et acteur de génie. A son apparition sur la scène du grand opéra français, Duprez s'empara de ce rôle et y obtint un succès dont le retentissement immense fit pâlir l'étoile de son prédécesseur. On se pâma d'admiration à ces récitatifs si nettement accentués, nuancés avec tant de sentiment, à ces romances chantées avec tant de goût et de délicatesse, à ces puissants effets si habilement ménagés. Comme science du chant, on ne peut en effet rien désirer de plus.

Guarin de Vitry.

STRADELLA
2.me Acte.

STRADELLA

Opéra en cinq actes.

PAROLES DE MM. E. DESCHAMPS ET E. PACINI,

Musique de M. E. NIEDERMEYER. — Divertissements de M. CORALI.

Décors de MM DESPLÉCHIN, SÉCHAN, FEUCHÈRES & DIÉTERLE,

Représenté pour la première fois à Paris sur le théâtre de l'Académie royale de Musique
le 3 mars 1837.

Il est une remarque souvent formulée et dont la justesse reçoit de jour en jour une nouvelle confirmation, c'est qu'il n'est guère d'homme de génie que le malheur ait respecté, et dont la vie se soit écoulée calme et sereine, loin de la tourmente des fougueuses passions ou des vicissitudes de la fortune. De tout temps, au contraire, il y eut lutte à outrance, lutte douloureuse et inégale de toute âme fortement trempée contre le réseau de préjugés et de conventions tyranniques où nous empêtre la société; ce qui nous fait incliner à soupçonner qu'il s'est glissé quelque gros contre-sens ou dans notre propre organisation, ou dans l'organisation de toutes les sociétés usitées jusqu'à ce jour.

Alessandro Stradella, un de ces cygnes mélodieux que Dieu envoie pour endormir nos douleurs, eut aussi à expier sa part de génie par ses souffrances. Une des péripéties de sa vie si orageuse a servi de thème à MM. Ém. Deschamps et Pacini pour bâtir la fable d'un opéra; mais il est à regretter que les exigences de la scène n'aient pas permis à leur talent distingué de suivre fidèlement l'histoire, assez dramatique par elle-même, de ce célèbre chanteur.

Le duc Pesaro, patricien de Venise, envoie Stradella son chanteur pour fléchir, par les charmes enivrants de sa voix, les rigueurs d'une jeune fille qu'il a fait enlever; l'artiste reconnaît sa fiancée dans la belle captive, l'arrache au duc et s'enfuit avec elle à Rome. La vendetta l'y poursuit, et deux bravi sont chargés par Pesaro de l'assassiner après l'office du jeudi saint; mais les divines harmonies de la basilique et les célestes accents de Stradella opèrent une mystérieuse fascination sur les deux maudits et font tomber leurs poignards. Le duc ne se tient pas pour battu, et, au nom de Venise, le fait arrêter comme transfuge, au moment même où le peuple le porte en triomphe au Capitole. Stradella, condamné par les Dix, va subir son supplice, quand survient le cortége du nouveau doge Pesaro, son ennemi, qui va célébrer ses fiançailles avec la mer. Le peuple implore la clémence du nouvel élu, et le doge, oubliant les injures faites au patricien, abjure sa vengeance et rend Stradella à l'amour du peuple et de sa Léonor.

Certes, bien peu de drames offrent des situations aussi favorables aux puissants effets musicaux et à la féerie des pompes théâtrales. Est-il rien de plus poétiquement beau que cette scène où Stradella, par la magie de ses chants, prosterne à ses pieds ses assassins désarmés? Un peuple immense est agenouillé sur le parvis de la cathédrale, où les derniers rayons d'un soleil d'Italie luttent avec les ombres qui descendent des grandes ogives. L'orgue emplit la cathédrale de ses grandioses harmonies, et la foule, le front dans la poussière, tremble, pleure et prie, aux sons de cette voix puissante qui fait tonner au-dessus de sa tête les menaces d'un Dieu vengeur.

La versification du libretto est soignée et souvent très-remarquable. Çà et là, de fraîches et gracieuses pensées, des vers heureux et faciles, décèlent l'intervention d'Ém. Deschamps, l'un de nos plus charmants poëtes. Nous citerons surtout la scène décrite ci-dessus, pour la majesté et la pompe des vers, et la barcarolle du cinquième acte, si parfumée de voluptueuse poésie :

> « Des princesses d'Italie,
> C'est Venise, le matin,
> Qui s'endort la plus jolie,
> Dans les fleurs et le satin !
> Et le soir, c'est la plus folle
> Sous le masque de velours,
> La plus tendre en sa gondole,
> Et la plus noble toujours !
> La musique est sa parole,
> Et ses rêves les amours ! »

N'entendez-vous pas la folle Venise chanter et rire dans ces vers ?

Il y a du bon et du très-bon dans la partition de M. Niedermeyer; on pourrait seulement désirer un peu plus d'élévation dans le style, et de puissance dans l'instrumentation. Pour les décors et la mise en scène, il faut louer, sans restriction, leur magnificence, et surtout la fidélité avec laquelle a été respectée la couleur locale.

C'est Nourrit et Mlle Falcon qui ont créé les rôles de Stradella et de Léonor; Duprez a aussi chanté cet opéra, qui a été réduit à trois actes, puis à deux pour Marié et Mme Stoltz.

Eugénie Deshays del.   Chabrané édit.   Imp. Jules Rigo et Cⁱᵉ r. Richer, 3.

LA JOLIE FILLE DE GAND
(1ᵉʳᵉ Scène 3ᵐᵉ Acte.)

LA JOLIE FILLE DE GAND

Ballet-pantomime en trois actes,

PAR MM. DE SAINT-GEORGES ET ALBERT,

Musique de M. ADAM. — Décorations de MM. CICÉRI, PHILASTRE et CAMBON.

Représenté pour la première fois, le 22 juin 1842.

Pourquoi tous ces élégants marquis, musqués, ambrés, corsetés, tirés à quatre épingles, enfouis sous les flocons de dentelle, s'arrêtent-ils avec tant de persistance devant la boutique de l'orfévre Césarius? On conçoit que les ruisseaux de pierreries, les épinglettes d'or et de diamants qui étincellent dans l'étalage, attirent les regards de ces charmants freluquets; mais pour s'arrêter si longtemps, ne faut-il pas qu'ils soient terriblement désœuvrés? Suivons San Lucar et don Bustamente qui entrent, et nous saurons quel rare joyau allume tant de regards d'envie.

Auprès du bonhomme siégent au comptoir trois charmants minois : la piquante Julia, la douce Agnès et la rêveuse Béatrix, que sa beauté a fait surnommer la jolie fille de Gand, et que n'enlaidit pas un petit air triste et boudeur. La pauvre enfant doit se marier le lendemain, et cela fait songer! Bénédict, son fiancé, n'est pas mal, mais sa toilette est si simple! Il est fort amoureux, mais il le dit si timidement et si vulgairement! Les jeunes fats, au contraire, sont si coquets, si élégants; ils tournent leurs phrases avec tant d'art et d'esprit, que c'est beau à n'y plus rien comprendre. Et, malgré elle, son imagination compare son avenir paisible, mais pâle et froid, à celui que lui promettent ces regards si enflammés. La folle Julia, emportée déjà dans le tourbillon des plaisirs, souffle sur le feu qui couve dans l'âme de la jeune fille, qu'Agnès, plus sérieuse, retient dans le droit chemin.

Or, la ville de Gand célèbre sa grande kermesse; il y a danses, festins et tir à l'arbalète sur la grande place. San Lucar, qui a réussi, au grand dépit de Bénédict, à amener dans son équipage Césarius et les jeunes filles, a encore la chance de remporter le prix du tir, qu'a manqué le pauvre amoureux. Julia en profite pour exalter le mérite et l'amour du galant seigneur, et Béatrix, tout émue, lui confie la clef de sa chambre pour qu'une causerie intime les réunisse le soir. Imprudente! San Lucar a tout vu, et il s'empare adroitement de la précieuse clef.

La nuit venue, la jolie fille soupire en sa chambrette et découvre déjà ses frais appas, quand la porte, en s'ouvrant, lui montre, au lieu de Julia, le séduisant marquis qui passait dans ses rêves. Éperdue et confuse, elle se voile de ses rideaux et le conjure de s'en aller. Mais notre homme, qui n'est pas un écolier, est d'une témérité inquiétante, et... mais Julia survient, fort surprise de trouver celui pour lequel elle venait préparer les voies. Tout s'explique, du reste, et elle joint ses mauvais conseils aux chaleureuses protestations de San Lucar, qui jure qu'il va se tuer, au grand effroi des naïves fillettes (on croyait encore aux suicides d'amour). Mais,

10

ô terreur ! des pas ont retenti, et l'on a heurté à la porte... Vite, le marquis se blottit derrière les rideaux. Agnès vient sermonner sa sœur, et lui annoncer que son mariage est fixé au lendemain à six heures du matin. Elle emmène ensuite Julia, et le marquis enjambe la fenêtre en faisant signe à Béatrix qu'il l'enlèvera à la même heure. Restée seule, celle-ci remercie le ciel qui l'a sauvée, et s'endort.....

— Nous retrouvons Béatrix à Venise : elle a succombé et trouve au fond des plaisirs l'amertume du remords. San Lucar prodigue les parures et les fêtes pour rasséréner le front de son amante, et l'emmène au grand bal masqué de la Fenice, remède qu'il sait infaillible contre le chagrin des filles d'Ève. Béatrix, en effet, enivrée par les louanges que soulèvent sur son passage ses grâces et sa beauté, se laisse être heureuse, quand un domino sinistre, fendant la foule effrayée, se dresse devant elle, lui arrache sa couronne de fleurs, et, se démasquant, lui montre les traits d'un père en courroux, la malédiction à la bouche. Pauvre fille ! Ta punition a commencé, et la malédiction paternelle empoisonnera désormais ta vie.

— L'orgie a succédé au bal. Un parc étincelant de girandoles prête ses ombrages aux couples enivrés de vin et de luxure. Le jeu, le jeu furieux, forcené, brûle les poitrines et engloutit les fortunes. San Lucar joue et perd ; il joue encore, il perd. Béatrix se dépouille de ses bijoux en lui disant qu'avec eux ils sont encore riches ; il les joue, et il perd. Un seul trésor lui reste, sa maîtresse ; l'infâme la joue, et il la perd ! — A la faveur d'un domino semblable au sien, son trop heureux adversaire pénètre dans le boudoir de Béatrix, et la poursuit de ses caresses passionnées. Découvert, le lâche va employer la force, quand San Lucar arrive, fou de désespoir, et le tue. Mais Béatrix sait tout et fuit avec horreur.

— Il faut maintenant retourner à Gand, où se font les joyeux préparatifs de la noce d'Agnès et de Bénédict. Des Bohémiens, parmi lesquels on remarque Julia déchue, mais toujours folle, amusent le peuple assemblé pour voir le cortége, quand Béatrix, pâle, amaigrie, paraît et tombe épuisée sur un banc de pierre. Sa sœur et son ancien fiancé passent heureux et bénis ; mais ses yeux désolés cherchent en vain son père dans la cérémonie ; elle interroge avec terreur, et on lui montre une tombe récente où se lit le nom de Césarius. A ce dernier coup, sa raison l'abandonne ; elle gravit le sentier d'un précipice, et au moment où les portes de l'église reçoivent les époux, elle va chercher dans le gouffre la mort et l'oubli...

— Détournons les yeux de cette lugubre scène pour les reporter vers le frais asile où dort cette enfant, dont le sommeil semble troublé par quelque affreux cauchemar. C'est Béatrix, à qui un rêve, envoyé de Dieu, a dévoilé l'avenir réservé à celle qui s'abandonne à l'amour éphémère des hommes légers et perfides ; c'est Béatrix qui s'éveille pure et sauvée, et pleure de reconnaissance et de bonheur. Le marquis paraît à la fenêtre, mais elle le fuit comme un hideux reptile et se jette avec effusion dans les bras de son père et de son époux.

Celestin Deshays del.

M.me Mequillet.

Challamel, éditeur.

Imp. J. Rigo.

OTHELLO.

(Dern.e Scène du 3.e Acte.)

OTHELLO

OPÉRA EN TROIS ACTES, MUSIQUE DE ROSSINI.

Libretto traduit de l'Italien par ALPHONSE ROYER et GUSTAVE VAËZ.

Représenté pour la première fois, à Paris, sur la scène de l'Académie royale de Musique,
le 2 septembre 1844.

———◦———

Dieu nous garde de la jalousie! Cet horrible cauchemar empoisonne la vie de celui qui y ouvre son cœur, et fait de lui un sot ou un monstre. Sous son influence maudite, l'intelligence la plus limpide s'obscurcit, l'âme la plus sereine perd tout-repos et toute dignité. Voyez Othello, le chevaleresque Othello lui-même, la jalousie n'en fait-elle pas un niais crédule, qui descend jusqu'à l'espionnage et qu'un misérable abuse et mène par le nez, suivant l'intérêt de ses fourberies?

Othello, Maure d'origine, était parvenu par ses talents et sa valeur au grade de général des armées de Venise. C'était un caractère à la fois simple et grand, ouvert et loyal, généreux et énergique: élevé à l'école des camps et des hasards, il avait gardé la vigueur primitive de son âme, et ne s'était pas corrompu au contact des vices de sa patrie adoptive. Une ravissante jeune fille, la tendre et naïve Desdemona se laissa prendre le cœur par ses grandes qualités, et l'épousa secrète-ment. Accusé d'avoir employé les sortiléges pour la séduire, Othello raconte comment il s'est fait aimer, dans un discours qui est un chef-d'œuvre de simplicité grande, calme et digne.

Le père de Desdemona l'aimait, et le questionnait souvent sur l'histoire de sa vie si aventureuse, que le Maure racontait si bien avec sa parole chaude et colorée :
« c'était (¹) un détail long et varié d'aventures désastreuses, de touchantes infor-
« tunes, tant dans les camps que sur les mers, de périls imminents, où
« penché sur la brèche meurtrière, je n'échappai que d'une ligne à la mort...
« Pendant tous ces détails, Desdemona, sérieuse et attentive, se penchait pour
« m'écouter, mais sans cesse les soins du ménage venaient l'interrompre et dès
« qu'elle avait pu les expédier, elle rentrait aussitôt et d'une oreille avide, dévo-
« rant mon discours, elle tâchait d'en reprendre le fil. Je profitai de cette
« remarque. Je saisis un jour une heure commode et je trouvai le moyen de
« disposer son cœur à me faire une prière; c'était de lui raconter de suite tout
« mon pèlerinage dans l'univers. J'y consentis, et souvent je lui surpris des larmes
« quand je racontais quelque aventure malheureuse qu'avait essuyée ma jeu-
« nesse... Mon récit achevé, elle me donna pour mes malheurs une abondance de

(¹) Traduction de Shakspeare par Letourneur.

« soupirs, elle me remercia et me dit, que si j'avais un ami qui l'aimât, de lui
« apprendre seulement à raconter mon histoire et qu'il saurait comment la
« rendre sensible. A cette ouverture de son cœur, je parlai, elle m'aima pour les
« dangers que j'avais courus, je l'aimai pour la pitié qu'elle donnait à mes mal-
« heurs: voilà ma seule magie. »

Othello, comblé de gloire et d'honneurs, aimé d'une femme qu'il adore, semble
par sa noble confiance dans son génie défier les coups de l'adversité. Il regarde
trop haut pour voir le reptile qui se glisse à ses pieds. Un misérable qui l'a trompé
par ses dehors honnêtes, Jago le hait pour toutes ses vertus et pour son éminente
supériorité: il le hait aussi pour des bruits injurieux à son honneur de mari, et a
juré de troubler son bonheur et d'abaisser son orgueil. C'est un homme d'une
perversité effrayante, que ce cynique Jago, qui n'a d'autre foi et d'autre loi que
son monstrueux égoïsme. Par un habile échafaudage de mensonges, d'allusions et
de réticences, il s'efforce d'inspirer au Maure des doutes sur la fidélité de sa
Desdemona. Le soupçon, repoussé d'abord avec énergie, examiné ensuite, finit
par s'insinuer dans cette âme si franche et si loyale: c'en est fait, Othello a dégé-
néré dès qu'il a mis le pied sur cette pente glissante de la jalousie, où le génie du
fourbe lui fait faire des pas si rapides. Bientôt il en est à demander les preuves,
et l'infernal Jago les fournit terribles et accablantes. Un mouchoir, premier gage
d'amour du Maure, a été égaré par Desdemona, il s'en empare, le glisse dans la
chambre d'un officier et le montre à Othello qui s'écrie dans sa rage: « De quelle
mort la tuerai-je, Jago? » —Othello n'est plus; un tigre sans raison ni pitié se glisse
sous ses traits, dans l'alcôve où dort, blanche et pâle, l'épouse innocente; sa pure
beauté le fait frissonner d'amour malgré sa fureur; il colle avec désespoir sa bouche
sur ces lèvres qu'il va refroidir pour jamais. Elle s'éveille inquiète, il lui jette
ces sinistres paroles: « Avez-vous prié Dieu ce soir, Desdemona? » En vain elle
proteste et supplie, l'enfer est dans le cœur du Maure qui, dans sa rage sans pitié,
l'étouffe sous l'oreiller qui fut témoin de leurs baisers.

Il faudrait la plume de Shakspeare pour peindre les angoisses qui déchirent
Othello depuis son crime, jusqu'au moment où, convaincu de son innocence, il se
tue sur le corps encore chaud de sa victime.

Un Italien a travesti ce terrible drame pour en faire un opéra dont Rossini
écrivit la musique dans la première fougue de son génie et qui vient d'être traduit
en français. Il n'est guère qu'une scène qui ait conservé sa beauté originale, c'est
celle où Desdemona, atteinte d'un funeste pressentiment, chante cette mélancolique romance, que Mme Stoltz dit avec un sentiment si profond:

Au pied d'un saule, Isaure, etc.

C'est le chant désespéré de l'âme qui voit arriver la mort terrible et impitoyable,
sans la consolation des adieux.

C. Deshays del.   Challamel dir.   Imp. J. Rigo

LE COMTE ORY.
2.me Acte.

LE COMTE ORY

Opéra en deux actes.

PAROLES DE MM. SCRIBE ET DELESTRE-POIRSON

Musique de ROSSINI,

Représenté pour la première fois à Paris, sur le théâtre de l'Académie royale de Musique,
le 20 août 1828.

Parmi les mauvais sujets dont l'histoire nous a gardé les fredaines, il faut
réserver une place honorable au joyeux comte Ory, cet effréné viveur, qui,

« Après la chasse, n'aimait rien que la gaîté,
« Que la bombance, les combats et la beauté! »

Il lui prit un jour fantaisie d'adorer la comtesse de Formoutiers, et cet amour lui
inspira de charmantes folies. L'accès du cœur de la noble dame était difficile, car
lors même que le nom d'Ory n'eût pas fait frissonner toutes les fillettes, encore
eût-il fallu pénétrer dans le donjon qui l'enfermait avec toutes les beautés des
alentours, pendant que les frères et les maris guerroyaient en Palestine. La ruse
était donc l'unique recours de notre libertin qui songeait, combinait et, en véritable
amoureux, en perdait le sommeil.

Enfin il s'échappe un jour avec son fidèle Raimbaud, revêt cape brune et barbe
blanche, et s'en va jouer à l'ermite sur un roc voisin du château qui recèle l'objet
de sa convoitise. Le nouveau saint est bientôt en renom, et l'on accourt en foule
réclamer ses conseils, toujours empreints de la plus ample tolérance. Or, un beau
jour, un page vient, le cœur tout gros d'amour, lui confier qu'il aime à en mourir
sa belle cousine, la comtesse de Formoutiers; et, voyez le hasard! Ory reconnaît
en lui son gentil serviteur Isolier. Celui-ci, qui est déjà un petit serpent pour la
ruse, a projeté de s'introduire dans le château sous l'habit d'une pieuse pèlerine;
le traître goûte fort l'idée du petit imprudent, qu'il laisse tout ébloui de ses miel-
leuses promesses.

Cependant les belles recluses, qui languissaient du mal d'ennui dans leur ma-
noir, conçoivent envie d'aller aussi consulter l'ermite. L'âme du bon apôtre s'épanouit d'aise à la vue de ce frais troupeau de jolies pénitentes, qui viennent lui confier leurs péchés mignons. Sous un prétexte habile, il va s'introduire dans le château, quand un malencontreux gouverneur, envoyé à sa recherche par son père,
survient, reconnaît et démasque le fourbe, qui apprend encore, pour sa plus
grande confusion, que le frère de la comtesse sera de retour le lendemain.

Mais c'est un rude jouteur que ce damné comte Ory, et qui ne se déconcerte
guère; le stratagème de son page lui trotte dans la cervelle et il s'empresse d'en

faire son profit. Suivi d'une douzaine de jeunes chenapans, affublés comme lui de longue robe et grand chaperon, il s'en va, dans la nuit noire, heurter à la porte du château :

> « Holà ! qui frappe et mène si grand bruit ?
> « — Ce sont des nonnes, et qui ne vont que de nuit,
> « Tant sont en crainte de ce maudit comte Ory !
> « — Soyez, mesdames, bien venues en ce logis! »

Voilà les loups au bercail ! Cachant leurs hauts de chausses sous leurs jupons, ils entrent modestement, avec force révérences, et sœur Collette, ou le comte Ory, de sa voix la plus pateline, de ses airs les plus hypocrites, se confond en remerciments envers la châtelaine qui leur a sauvé l'honneur ! On les laisse en face d'un repas bien frugal pour d'aussi nobles appétits, et déjà l'inquiétude se lit sur les figures, quand paraît Raimbaud, qui a flairé et découvert la cave, et qui revient chargé de butin. La gaîté éclate, le vin circule, et nos pèlerines boivent à pleines rasades à la santé du bon sire châtelain. Mais on vient, les flacons s'éclipsent, nos gens à genoux cachent leurs rouges trognes sous leurs larges chaperons, et psalmodient quelques orémus à la grande édification de leurs hôtesses, qui viennent leur annoncer l'heure de la retraite. Les dévotes pèlerines gagnent, les yeux baissés, mais la démarche un peu chancelante, effet de l'âge sans doute, la couche de l'hospitalité.

Déjà la belle comtesse va dévoiler ses attraits et tomber peut-être dans le piége, quand le beau page Isolier, qui vient lui annoncer l'arrivée de son frère à minuit, entendant parler des pèlerines, se reconnaît volé et évente la mèche. Grande est leur frayeur, car Ory s'avance déjà tout affriandé vers sa jolie proie. Vite le malin page éteint la lampe et se glisse à la place de la comtesse en lui recommandant de répondre au comte. La fausse sœur Collette prétend qu'elle ne peut dormir seule, et saisissant la main d'Isolier, y imprime des baisers que le page amoureux rend avec usure aux blanches mains de la comtesse qui s'écrie: Ah ! sœur Collette, ciel! comme vous me pressez! Isolier cherche à prolonger une scène si charmante pour lui; mais l'amant lève le masque et devient fort entreprenant, quand on frappe aux portes avec fracas; un bruit d'armes et de chevaux surgit dans la nuit; on va, on vient, on apporte des flambeaux, et Ory s'aperçoit qu'il est joué. Plus d'espoir, il faut déguerpir, et nos preux se sauvent en tapinois au moment même où les croisés, nouveaux Ulysses, se jettent dans les bras de leurs Pénélopes. Ainsi finit l'aventure à l'honneur de la morale, et à la grande confusion de Satan.

Rien n'est si joli que ce petit opéra, dont Rossini a fait un chef-d'œuvre d'esprit, de gaîté et de grâce. C'est une musique légère, originale, pleine de charmants contrastes, d'allures tour à tour hypocrites ou cavalières. C'est un petit bijou, délicat, gracieux et parfumé, dont on conserve avec amour le souvenir.

LA MUETTE DE PORTICI.

LA
MUETTE DE PORTICI

Opéra en cinq actes.

PAROLES DE MM. SCRIBE ET G. DELAVIGNE

Musique de M. AUBER.

Représenté pour la première fois à Paris sur le théâtre de l'Académie royale de Musique
le 29 février 1828.

———————

Mieux vaut être le premier au village que le second à Rome, disait César; et c'est
aussi l'avis d'Auber, qui, pouvant songer à disputer le sceptre de la première scène
lyrique, préfère régner sans partage sur la seconde. Nous ne saurions blâmer une
préférence qui nous vaut chaque hiver une si grande richesse de mélodieuses créations, où fourmillent l'esprit, la grâce et la légèreté. L'Opéra-Comique, ce temple
de la gaîté et de la fantaisie, convient merveilleusement à la verve facile et brillante d'Auber, qui règne encore sur la musique du quadrille, et sur l'armée innom-
brable de jouvencelles qui le cultivent avec fureur dans tout le monde policé. Un
jour cependant, pour confondre les envieux et prouver qu'il n'était pas seulement
un compositeur gracieux et spirituel, il écrivit la partition de *la Muette*, qui fit
trembler les maîtres sur leurs trônes ; puis, la vocation l'emportant , il retourna à
son royaume sentimental et folâtre. Dieu veuille qu'il y règne longtemps encore;
mais exprimons un regret que légitiment les beautés réelles de *la Muette*, c'est qu'il
s'endorme au milieu de ses flonflons, au lieu de songer à produire, de temps à autre, une œuvre qui s'élève à la hauteur de cet opéra.

La Muette de Portici eut un immense succès, dû d'abord à la supériorité incon-
testée de la partition, au talent et à l'intelligence des exécutants, à la magnificence
et au pittoresque des décors et de la mise en scène. Puis le sujet était admirablement adapté à l'esprit de l'époque. Le libéralisme batailleur et révolutionnaire fai-
sait fureur; le temps était à l'émeute, et le nouvel opéra offrait un attirail de scènes
propres à remuer profondément les passions, déjà en fermentation. Le dénouement
s'écartait bien un peu de l'esprit de la pièce, puisque le libérateur du peuple y
est victime et l'oppresseur triomphant , mais le public fit la part des exigences

d'un pouvoir ombrageux , et bientôt l'on répétait partout avec enthousiasme les motifs les plus remarquables de chaleur et d'entrain.

Voici en peu de mots le sujet de la pièce : la domination espagnole pèse sur les Napolitains et l'orage des colères populaires est près d'éclater. Alphonse , fils du vice-roi a séduit une jeune muette, sœur de Mazaniello , le plus brave et le plus aimé des pêcheurs. Le peuple se lève à la voix du frère exaspéré, et d'un bond chasse les Espagnols et le vice-roi. Alphonse fugitif, tombé entre les mains de Mazaniello qui ignore tenir le séducteur de sa sœur, se confie à sa loyauté. Mais le peuple survient, reconnaît le fils du vice-roi et réclame sa tête ; Mazaniello, rassasié de sang et de meurtre, et lié par sa promesse, l'arrache à la fureur de la foule, où circulent déjà des paroles sinistres. Il est perdu dès qu'il s'est jeté en travers de l'élan populaire, et, au festin même qui célèbre sa victoire, le poison glissé dans sa coupe lui enlève l'usage de la raison. Cependant les Espagnols, déconcertés et défaits aisément d'abord, se sont rassurés et ont repris l'offensive. En face du danger des siens, la raison de Mazaniello jette encore une lueur ; il se bat en héros, mais la trahison dissout leurs rangs et le frappe bientôt lui-même au milieu d'eux. Avec lui expire le soulèvement, et Naples se courbe de nouveau sous le joug de ses maîtres. La jeune muette que nous n'avons pas suivie dans les diverses péripéties du drame, restée sans appui ni famille, se précipite dans le Vésuve, et le peuple consterné implore la merci du vainqueur.

Il y a du mouvement, de la chaleur , de l'âme en un mot dans la musique, des airs pleins de caractère et d'élan, des barcarolles gracieuses et légères, des chœurs tour à tour brillants et énergiques, traités avec goût et habileté. Le rôle de Fenella est une innovation originale et heureuse ; l'amour, les souffrances et les angoisses de la jeune muette se traduisent en une pantomime passionnée, dont l'orchestre exprime les divers mouvements avec ses modulations tour à tour tendres ou déchirantes, plaintives ou terribles, et qui exige de l'exécutante de l'âme, de l'intelligence et du talent.

C. Deshays, del.

Paris Imp. Rigo

RICHARD EN PALESTINE.
(2.me Acte)

RICHARD EN PALESTINE

Opéra en trois actes.

PAROLES DE M. FOUCHER. — MUSIQUE D'AD. ADAM.

Décors 1er et 3me actes, de MM. DIÉTERLE, SÉCHAN et DESPLÉCHIN,
2me acte de M. CICÉRI.

Représenté pour la première fois, le 7 octobre 1844.

Ad. Adam vient de quitter à son tour les rivières gazonillantes et fleuries de l'opéra-comique, pour essayer sa voile sur les grandes mers de l'opéra sérieux. L'entreprise était hardie, car on peut très-bien écrire avec goût, esprit et verve, créer de fraîches et délicieuses fantaisies, être enfin un charmant compositeur de musique légère, et ne pouvoir emboucher la trompette héroïque; et ne doit on pas craindre, en laisssant les habitudes faciles et badines pour le genre plus sévère, de ressembler un peu à ces enfants, espiègles et mutins, qui se sont affublés du costume des grands parents, et cachent, sous une gravité affectée, l'éclat de rire qui veut épanouir leurs lèvres.

Hâtons-nous de proclamer que M. Adam a su éviter l'écueil où on l'attendait, et dépouiller complétement les allures du *Postillon de Lonjumeau*. La partition de *Richard* n'est pas une œuvre de premier ordre, mais il y a du bon; et, à défaut de grands effets, il faut y louer une convenance générale de style et un réel talent de facture. Loin donc de penser que M. Adam doive s'en tenir aux vaudevilles musicaux ou opéras bâtards, nous croyons que sa verve, alimentée par un sujet plus nourrissant que celui de *Richard*, pourrait créer une bonne partition et lui conquérir une place honorable dans la grande musique.

M. Paul Foucher ne s'est pas mis en grande dépense d'imagination pour son sujet : Walter Scott en a fait les principaux frais, et le replâtrage du cru de son imitateur ne brille guère par l'intérêt ni l'invention. Accordons-lui du moins un mérite que peu d'auteurs de libretti oseraient revendiquer : sa versification est correcte, son vers est d'une bonne facture, bien rhythmé pour le chant, et la rime n'est pas ridicule.

Richard Plantagenet est un grand roi et un héroïque chevalier, mais aussi un homme bien orgueilleux, bien égoïste, bien violent et d'un patriotisme tout à fait étroit. La maladie a cependant dompté le lion, et l'enchaînerait dans l'inaction pour longtemps encore sans un guerrier arabe, Ismaïl, dont les soins éclairés le rappellent à la santé. La première pensée de Richard sauvé est une pensée d'orgueil, il faut que sa bannière soit arborée sur le mont Saint-Georges, et que de là elle plane en reine et sur le camp des croisés et sur les tentes des mécréants. Quel preux

12

méritera l'insigne honneur de la défendre envers et contre tous, et de la conserver sans souillure? Un aventurier, un inconnu, qui eut le bonheur de sauver la reine Bérengère et sa cousine Édith dans une attaque au désert, est chargé, en reconnaissance de ce service, de la garde du précieux étendard. Or cet aventurier, appelé Kenneth, est nécessairement fort amoureux de la belle Édith, qui nécessairement aussi se sent attirée en secret vers lui. La reine Bérengère, qui est une délicieuse petite femme, bien coquette, bien rieuse, bien inconséquente, a deviné les amoureux avant eux-mêmes, et, comme elle raffole du romanesque, s'est mis en tête je ne sais quels projets sur leur avenir. Fidèle à ses principes de galanterie, elle soutient à Édith qu'il n'est point de preux qui ne sacrifie le devoir à l'amour, et, pour le prouver, réclame à l'insu et au nom de la jeune princesse qu'il aime le secours de Kenneth. Un amoureux brûlerait le monde pour sauver un cheveu de sa belle; aussi le nôtre déserte-t-il son poste et l'honneur pour voler à l'appel de sa dame. Mais à peine s'est-il reconnu abusé, que déjà Richard accourt en désordre, écumant de rage, et brandissant avec désespoir sa bannière lacérée et foulée aux pieds. Il aperçoit le chevalier félon et va le mettre en pièces, lorsque Ismaïl l'arrête et arrache Kenneth à sa fureur.

Cependant dame Bérengère se repent avec amertume des suites de ce qui lui paraissait une bonne folie, et donnerait tout au monde pour sauver Kenneth de la mort infamante que Richard lui réserve. Elle n'aurait qu'un mot à dire; mais elle frissonne à l'idée de la colère de son farouche époux. Édith aime, et l'amour crée des prodiges. Elle s'avance donc vers le tribunal où Richard juge, ou plutôt condamne, et déclare à la face du ciel que c'est elle qui a arraché à son devoir Kenneth, qu'elle réclame pour son époux. Richard est inexorable, et refuse de ratifier l'union de sa cousine avec un inconnu, sans titre et sans honneur. Kenneth est donc perdu, sans Ismaïl qui joue dans la pièce le rôle de la Providence, et se trouve toujours là au moment embarrassant. Lui seul connaît le secret de la naissance du jeune homme, secret que lui révéla un vieil Écossais, à l'agonie, et le proclame fils de Malcolm, et, par conséquent, héritier du trône d'Écosse. Mais qui est-il lui-même pour qu'on en croie son témoignage? Des fanfares sonnent, des chants éclatent; il s'élance sur un coursier que tenaient deux écuyers arabes, jette à la foule étonnée ce mot glorieux: Saladin! et disparaît. Dès lors tout s'arrange. L'aventurier, devenu prince, épouse Édith, et Richard se console en se promettant une éclatante vengeance contre les auteurs de l'outrage fait à son drapeau.

DON JUAN.

DON JUAN

OPÉRA EN CINQ ACTES, MUSIQUE DE MOZART.

Traduction française de MM. ÉMILE DESCHAMPS et HENRY BLAZE.

Divertissements de M. CORALY.

Décors de MM. CICÉRI, FEUCHÈRE, DESPLÉCHIN, LÉGER, FILASTRE et CAMBON.

Représenté pour la première fois, à Paris, sur le théâtre de l'Académie Royale de Musique,
le 10 mars 1834, et repris le 26 mars 1841.

Avant de clore cette revue des œuvres qui sont le plus en honneur aujourd'hui sur notre grande scène lyrique, nous devons un hommage de respect et d'admiration au puissant génie qui nous a légué la partition de *Don Juan*, le doyen de nos opéras. Ce géant, qui relie Piccini et Gluck à Meyerber et Rossini, est certainement une des organisations les plus complètes qui aient traduit pour nous leurs pensées en mélodieuses créations. *Don Juan*, son chef-d'œuvre, résume tous les genres de la musique scénique, portés à leur apogée : tour à tour bouffonne ou mélancolique, gaie ou terrible, gracieuse ou fantastique, mais toujours sage, puissante sans tapage, animée sans confusion, originale sans bizarrerie, cette partition a posé les colonnes d'Hercule de l'art dramatique musical. Loin de nous cependant la pensée qu'on ne puisse aller plus loin, le champ de l'avenir est vaste et il n'est pas de Colonnes d'Hercule pour le génie. Mais jusqu'ici *Don Juan* est resté l'idéal de l'art.

Nous devons donc des félicitations et des remerciments à MM. Ém. Deschamps et Blaze, dont la traduction intelligente nous a permis de jouir du chef-d'œuvre de Mozart, sur la scène du grand Opéra. C'est une bonne fortune pour beaucoup d'honnêtes gens encore assez barbares pour ne pas entendre l'italien, ainsi que pour les grandes villes de provinces où l'on ne joue que l'opéra français. Nous connaissons tous Ém. Deschamps, le gracieux poëte; nous connaissons aussi l'ingénieux traducteur de *Faust* : l'heureuse alliance de ces deux noms nous garantissait une œuvre de goût et de talent, et nos espérances ont été amplement satisfaites.

C'était pourtant une tâche délicate que de toucher au type créé par Molière, car l'imagination ne peut concevoir de dépravation plus profonde, que celle de cet homme étrange qui trompe, viole et tue avec tant de sang-froid, et raisonne sur ses crimes les plus odieux avec tant de calme et d'ironie. Nos auteurs ont su poétiser leur héros, et, tout en lui conservant son intrépide audace et son implacable égoïsme, il nous ont montré Don Juan emporté par les ardeurs juvéniles et la fougue amoureuse d'une âme de feu, et brisant impitoyablement tout ce qui entrave l'essor de ses insatiables passions. Le *Don Juan* de Molière n'est que haïssable, celui de l'Opéra est presque à plaindre. On regrette de voir cette magnifique organisation fatalement emportée au mal en raison de sa puissance même, et l'on se demande s'il est à jamais impossible d'utiliser, en les appliquant au bien, ces immenses facultés passionnelles départies à certains individus qu'elles poussent dans le désordre et le malheur.

Cette belle et féconde conception a échauffé la verve de nos poètes, et fait couler de leur plume des flots de poésie. Voici entre autres des vers de Don Juan à Zerline qui sont si jolis que nous croyons devoir les citer :

. . . .

« Non, vous ne serez pas femme d'un paysan ;
« Non, non, je ne veux pas que le soleil vous brûle.
« Eh ! que dirait le roi s'il savait que Don Juan
« Vous a vue et permet qu'un manant vous épouse !
« Qu'en d'ignobles travaux vous noircissiez vos mains,
« Vos mains blanches à rendre une infante jalouse !
« Et que vous déchiriez aux cailloux des chemins
« Vos pieds, vos petits pieds de comtesse andalouse !
« Non, à ces mains des gants, à ce cou des colliers ;
« Pour ces pieds des tapis ou la molle pelouse
   « De mes grands bois de citronniers ;
« Et sur ce front charmant, des gazes diaphanes,
   « Qui, vous entourant de leurs plis,
   « Défendront la rose et les lys
« Des insectes du soir et des regards profanes.
« Qu'en dis-tu, mon amour ? Laisses-tu volontiers
« Pour nos palais brillants l'ennui de leurs cabanes,
« Et tes lourds paysans pour mes beaux cavaliers ? »

Une mise en scène magnifique ajoute encore à tant d'éléments de succès : nous citerons surtout le décor final, qui surpasse tout ce que l'imagination peut rêver de plus lugubre ; flammes et tonnerres, ombres et fantômes, ronde infernale où des squelettes heurtent leurs ossements flétris, toutes les épouvantes unies aux fureurs de l'orchestre composent une scène que nulle parole ne saurait peindre.

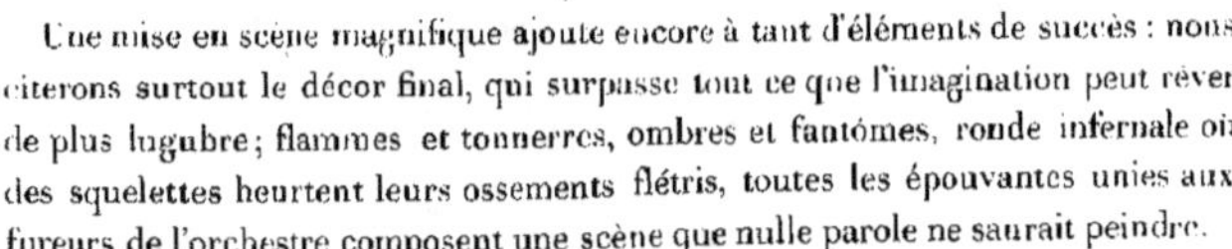